Dime cómo haces el amor
y te diré quién eres

Dácil González

Dime cómo haces el amor y te diré quién eres

ROBIN BOOK

© 2015, Redbook Ediciones, S. L., Barcelona
© 2015, Dácil González

Diseño de cubierta: Regina Richling
Realización: ebc, serveis editorials
Maquetación: Montserrat Gómez Lao

ISBN: 978-84-9917-368-9

Depósito legal: B-13.858-2015

Impreso en Sagrafic, Plaza Urquinaona, 14 7º 3ª, 08010 Barcelona

Impreso en España - *Printed in Spain*

Índice

Segunda parte
Personalidades sexuales

Personalidades sexuales femeninas

Personalidades sexuales masculinas

TERCERA PARTE
Técnicas sexuales

PRIMERA PARTE

INTRODUCCIÓN A LA SEXUALIDAD

1

Nuestro modelo de sexualidad

¿Cómo y dónde has aprendido tu sexualidad?

La sexualidad

La sexualidad es el motivo por el que todos nosotros caminamos por este mundo. Sin la sexualidad dejamos de ser, de existir (obviando las nuevas tecnologías para tener bebés). La sexualidad es algo tan potente que permite que dos personas se unan asumiendo riesgos: pérdidas, rupturas, celos, muerte, incomprensión, discusiones, etc. Esta unión crea unos vínculos emocionales y familiares que se convierten en nuestro ADN y en el de los hijos, si llega el caso. Existen muchas maneras de hablar sobre sexualidad y de abordar este concepto. No hace tanto tiempo que hemos popularizado el término sexualidad y todo lo que conlleva, así que todavía queda mucho por escribir e investigar acerca de este tema, pero lo básico y lo esencial es esto: es la fuerza creativa que nos impulsa a unirnos con alguien y que es capaz de abrirse paso a la vida. La sexualidad crea la vida.

Existen diferentes puntos de vista desde los que hablar de la sexualidad. En primer lugar hay que mencionar la sexualidad que aparece ya en el vientre de nuestras madres. Ese sería el punto de partida. A partir de aquí lo primero que ven los médicos y nuestra madre al nacer es la sexualidad genital (quizá ya la han visto en las ecografías pero en vivo es la primera vez). También podemos hablar de la sexualidad en nuestro cerebro (puede ser diferente a la sexualidad genital) o la sexualidad en la evolución histórica e incluso la sexualidad moral. Si miramos de una manera más colectiva, podemos hablar de sexualidad como algo que ha existido siempre, pero que ha estado sujeto a las diferentes normas sociales y momentos históricos desde el inicio de la vida. Pero quedémonos, de momento, con la idea de la sexualidad como forma de creación de nueva vida, de unión emocional.

¿Qué factores influyen en nuestra sexualidad?

A partir del momento del nacimiento entran en juego en nuestra sexualidad varias circunstancias importantes que debemos tener en cuenta: la familia a la que llegamos y la sociedad (barrio, pueblo, ciudad, país, etc.) en que vivimos. También debemos tener en cuenta el momento histórico y la influencia que nuestros padres ejercen en nosotros, tanto a nivel físico como psicológico. Nuestra sexualidad es producto de todos estos factores.

Imagina un triángulo dónde apareces tú en un vértice y tus padres en los otros dos vértices. A partir de aquí imagina a los padres de tus padres y los padres de ellos también y así hasta ver un triángulo de generaciones y generaciones, un triángulo grande y amplio. De esa manera el triángulo se va haciendo más y más grande y de todas esas generaciones también viene tu sexualidad. Ahora imagina que ese triángulo está dentro de un círculo, que es el pueblo, la ciudad, el país y el mundo en el que vives y que además lo vives ahora y no hace cien ni doscientos años. Esta mirada más global nos ayuda a ver de dónde viene nuestra sexualidad y la importancia y fuerza de creación de generaciones y generaciones. Creo que es importante poner una mirada más global en la sexualidad porque nos puede ayudar a entender más cómo funcionamos y por qué a veces nos pasan las cosas que nos pasan, y esta comprensión muchas veces nos ayuda a calmar culpas y presiones que afectan al sexo.

Recuerdo el caso de un paciente, el año pasado, que vino a terapia porque llevaba un tiempo que no era capaz de mantener una relación sexual con una chica. Era un chico de 30 años que había tenido pareja durante 9 años y le había ido muy bien en el sexo con ella, pero con posteriores parejas ya no le fue tan bien. El caso era que perdía la erección durante la relación, lo que le hacía sentir muy culpable. Su primera solución, antes de venir a terapia, fue salir con más chicas e intentarlo más veces. Cuando conseguía ligar con alguna chica y se disponían a hacer el amor, perdía la erección y todo se acababa. Algunas de las chicas pensaban que no eran lo suficientemente atractivas para él. El grupo de amigos de este chico era muy competitivo en cuanto a las chicas. Todos hablaban cuánto ligaban y de lo guapas que eran. Recuerdo que mi paciente pensaba que a los hombres que él conocía no les pasaba lo que a él. Por lo que explicaban al juntarse, a todos les iba muy bien en el sexo (lo cierto es que todos tenemos nuestro días mejores y peores pero es algo muy habitual entre los hombres no hablar de sus problemas sexuales). Él creía que ninguno había tenido nunca lo que denomina popularmente como un «gatillazo» y que todos se lo pasaban muy bien siempre (cosa complicada en cualquier ámbito de la vida). Tras algunas sesiones de terapia el paciente empezó a darse cuenta que se sentía muy presionado por el grupo de amigos. Si no trataba de ligar con chicas cuando salía por las noches les parecería raro a los demás, era lo que se esperaba en el grupo y además no le costaba mucho ligar, porque era un chico guapo y simpático, así que lo hacía pero sentía que no era algo que le llenara ni que le aportara mucho. Fue aceptando que a él no le gustaban este tipo de aventuras de una noche y que buscaba algo más profundo, un amor más de verdad. Al aceptar sus deseos profundos, se fue quitando la presión de ligar cada noche y buscar una aventura pasajera en la discoteca y finalmente, dio el paso e invitó a salir a la chica que le gustaba desde hacía tiempo. A partir de aquí se lo tomó con calma, empezó a salir con ella, ir al cine, a cenar y cuando llegó el momento de tener sexo fue todo mejor. A veces seguía perdiendo la erección pero ya no lo vivía como un fallo. Lo vivía con más tranquilidad y más aceptación. Se sentía más a gusto con su nueva pareja y después de algunos encuentros sexuales con ella, sintió que recuperaba su autoconfianza, ya no tenía que cumplir con el grupo ni dejar de ligar significaba ser más o menos hombre. Se sorprendió de que de repente ya no perdía la erección.

En este caso una de las causas de lo que le pasaba al paciente era la presión que se había impuesto de cumplir y enrollarse con chicas, porque era lo que su grupo de amigos hacía y valoraba. Al terminar la relación con su pareja de 9 años se había incorporado a la vida nocturna y había seguido la corriente en la que estaban sus amigos cercanos. No digo que esto no le funcione a nadie, hay personas y momentos en los que funciona y va bien, pero en su caso y yo creo que en general, todos anhelamos el amor, el sentirnos deseados y desear a otra persona e irla descubriendo y enamorándonos. Él encontró la solución a su problema en esta sensación de que le gustaba alguien y que era recíproco y esto le hacía sentir más tranquilo con ella y con más confianza. Encontró la solución en él mismo y también en el entorno más cercano, desvinculándose de la presión de su grupo y haciendo caso más a lo que sentía. Como veis todo nos influye, por eso está bien mirarnos con más perspectiva y no sólo a nosotros mismos, sino a los sistemas en los que estamos inmersos.

La sociedad es patriarcal

La realidad es que en el momento actual seguimos sumidos en el modelo patriarcal. La palabra «patriarca» proviene del griego y está compuesta por dos conceptos que significan (árjo) «mandar» y (patér) «padre». Esto explica de manera simplificada lo que ocurre en las familias, las empresas, los pueblos y ciudades en cuanto a los hombres y las mujeres. Los hombres mandan y como consecuencia también mandan en la sexualidad. Es una realidad. En el ejemplo que os acabo de poner del paciente que perdía la erección, se ve claramente que hay una autopresión en los hombres por cumplir y ser muy hombres y que su concepto de hombría está directamente relacionado con el tamaño de su erección y de aquí surgen muchos de los problemas sexuales que iremos viendo en el libro.

Si mandan más, lo lógico es que sean más importantes, también en el sexo. El sexo gira en torno al pene y a la llamada relación sexual completa, que significa relación con penetración. Pera ya iremos viendo que hay mucho más. Cuando veo a parejas en terapia o a personas que necesitan ayuda con algún problema sexual, me encuentro siempre esta idea: el sexo es igual a la penetración. Si no hay penetración no hay sexo. Hablo de una idea que tenemos muy arraigada hombres y mujeres y que es una sutil muestra de la importancia que tienen los hombres con respecto a las mujeres. Como os podréis imaginar esto es un problema. Si no hay penetración tenemos un problema. Por un lado el hombre se suele sentir bastante culpable de no poder cumplir con su función de hombre, esa que le aporta gran parte de su hombría, ser capaz de tener una erección y utilizarla y, a poder ser, que la erección siempre sea muy potente y duradera. Ellos tienen una gran presión sobre sus espaldas. Cuando esto no ocurre, se sienten culpables, frustrados e inseguros y suelen no contarlo a nadie por miedo a que les juzguen menos hombres. Los que vienen a mi consulta, no suelen contárselo a nadie, en general, por eso estoy casi segura de que no conocéis a nadie que os haya contado que ha ido a un sexólogo (suelen sentir bastante vergüenza de tener que buscar ayuda para recuperar su función sexual). Bueno, como decía, estos hombres, vienen en general muy abatidos con ellos mismos y con una gran culpa y miedo de tener nuevos encuentros sexuales, ya que cada vez creen más que les volverá a ocurrir, que van a volver a «fallar». Y como es de esperar: ¡vuelve a ocurrir! ¿Por qué? Por la propia expectativa de que va a ocurrir, que bloquea la respuesta sexual y su funcionamiento. (Ampliaré la explicación del funcionamiento de las disfunciones sexuales más adelante.) No todo son consecuencias negativas del mandato de los hombres, pero es verdad que el que manda tiene una gran presión en sus espaldas.

El análogo del pene, ¿es la vagina?

¿Os habéis preguntado por qué se dice siempre que el análogo del pene en el hombre es la vagina en la mujer? Desde pequeños se nos enseña que los chicos tienen pene y las chicas vagina. Me acuerdo de una escena de la película *Poli de guardería,* en la que uno de los niños de la guardería decía que los niños tienen pene y las niñas vagina (era el hijo del ginecólogo). Sin embargo, el análogo del pene, funcional y formalmente es el clítoris. Tienen una forma parecida y una función similar, la de la obtención de placer. Hasta hace poco la función de la sexualidad era la procreación, sobre todo en la mujer, por lo que no tenía sentido decir la verdad: el clítoris es al pene lo que los ovarios a los testículos, órganos análogos que vienen del mismo origen fisiológico y que se transforman en clítoris y ovarios o en pene y testículos dependiendo del cromosoma Y, y de la producción de testosterona durante la gestación. La vagina proviene del latín y significa «vaina», así que la vagina es el receptor del pene, el receptor para el placer del hombre y para la procreación pero tiene poco que ver con el placer de la mujer.

La sexualidad y su influencia cultural

Las mujeres llevamos tiempo luchando y seguimos luchando por liberarnos, pero creo que no lo conseguimos del todo. Al hablar con amigas, con mis pacientes y con conocidas y ver a las mujeres que me rodean y a mí misma, sigo viendo que tenemos mucho por superar y cambiar todavía.

Vivimos muy pendientes de ser aceptadas por los hombres. Este hecho tiene muchas consecuencias. Veo a mi alrededor muchas chicas que necesitan siempre gustar a algún chico porque si no, se sienten vacías, feas y gordas. Esto les lleva a aceptar cualquier relación y a tener encuentros sexuales sin compromisos. O recibir un mensaje el sábado por la tarde noche para saber si esa noche os encontraréis en algún bar y podréis tener un encuentro sexual, tras una noche de copas y risas.

Estamos muy insatisfechas con nuestro cuerpo. Si pienso en algún comentario que haya oído últimamente o en alguna amiga, conocida, paciente o en mí misma, no encuentro a ninguna que esté del todo satisfecha con su propio cuerpo. Si no nos sobran 3 o 4 kilos, nos falta culo o pecho, o nos sobran las temibles «cartucheras» o algo de barriga. Esto necesariamente nos afecta en la sexualidad, no somos del todo dueñas de nuestros cuerpos porque no lo miramos bien. No miramos nuestras curvas con cariño ni aceptamos nuestra extrema delgadez (sí, también las hay que se quejan de esto) o nuestras curvas y el cambio que el paso del tiempo va marcando en ellas, en nuestra cara y en nuestra piel.

MARÍA FINGE

La semana pasada hablaba con María, en terapia, sobre este tema. María es una chica joven, de 25 años, que vino a terapia hace unos meses con una depresión importante. Todo este tiempo ha aprendido a quererse más y a aceptarse más y se encuentra mucho mejor pero no consigue aceptar su propio cuerpo. Es una chica que mide 1,62 y ahora mismo pesa 53 kilos. Ella dice que está gorda, que le sobran kilos y que no puede ponerse la ropa que realmente le gusta. Tiene una personalidad muy exigente y perfeccionista, que le ayuda en muchos ámbitos de su vida, pero que le obliga a ser muy dura con ella misma, cuando no consigue lo que se propone. En este caso es adelgazar. Como os decía, el otro día hicimos un ejercicio visual para ver cuál era su percepción de su propio cuerpo. Le dije que pusiera en el borde de la mesa las dos manos, delimitando lo que ella creía que era su cadera, su cintura y su espalda. Para cada parte del cuerpo utilizamos post-its para delimitar las diferentes medidas que ella iba poniendo de las tres partes que decidimos medir. Después le pedí que se pusiera ella misma en las marcas de la mesa, en primer lugar la espalda. Aquí había unos 15 centímetros más de lo que realmente medía su espalda, marcado en la mesa. También había unos 10 centímetros más de la cadera y lo mismo de la cintura. Se sorprendió bastante al ver esta diferencia, porque ella estaba muy convencida de las marcas que había puesto sobre la mesa y de cómo se iban a ajustar a su cuerpo perfectamente. En cuanto a su sexualidad, no ha conectado del todo con ella. Tuvo una relación de varios años con un chico. Ahora lleva unos años sin tener pareja. La relación con este chico fue de sumisión total. Él marcaba las normas de funcionamiento de la relación, cuándo se veían, cómo, dónde, y qué podía hacer cada uno por su cuenta libremente. Él podía estar con otras chicas y tener temporadas de no contactar con ella y ella lo aceptaba. María asumió un papel, desde el principio, de sumisión. No decía lo que pensaba (este tema lo hablaremos más en profundidad en el capítulo dedicado a la asertividad), no se salía de las normas que marcaba él y poco a poco fue pensando que lo que tenían era lo que ella merecía, que no era merecedora de una relación más normal, con enamoramiento y su buena dosis de compromiso.

Fingir en la cama

No se atrevía a decirle lo que a ella le gustaba por miedo a que él pensara que era una chica fácil y por la vergüenza que le producía el pensarlo, así que se dedicaba a esperar que él hiciera algo de lo que a ella le gustaba. Como os imaginareis, la mayoría de veces no lo conseguía.

Justamente el trabajo principal de la terapia con María fue que consiguiera sentirse más libre y valiente para decir lo que le gustaba y lo que no y para poner también sus propias normas en las relaciones. Esto implica que se quisiera más y que se aceptara también más. Le parecía algo imposible al principio, porque nos cuesta mucho deshacernos de nuestras viejas personalidades (aunque no nos funcionen son lo conocido y eso tiene mucho valor para todos), pero poco a poco fue consiguiéndolo.

Como comienzo, si te pasa algo parecido, intenta hacer este ejercicio: piensa en el sitio más tranquilo en el que te imagines y ponte en situación. Imagina la calma y la paz que sientes en este sitio y deja que tu voz se oiga y diga lo que en el fondo piensas, aunque no lo hayas verbalizado nunca. Empieza a dejar oír a los demás estas frases que tú, en secreto, ya te dices y llénate de valentía, que es la fuerza que te puede llevar a un sitio mejor. Es importante que generes un espacio en el que escuches lo que piensas y lo que sientes (puede ser sola o con algún terapeuta) y a partir de aquí empieza a ver qué pasa y trata de encontrar un lugar mejor en tu mundo y como consecuencia en el de tu pareja también. (Seguiremos tratando este tema en el capítulo de asertividad sexual con más técnicas y consejos.)

Fingir es algo muy frecuente en muchas mujeres, hay estudios que hablan de hasta el 90% de las mujeres (en alguna ocasión). Fingir es relativamente fácil, para los hombres, sin embargo, es imposible. Los cambios físicos que se producen durante el orgasmo, la contracción de los músculos de la vagina, el rubor en la cara y el cuerpo y la descarga emocional se pueden provocar. Sólo tienes que probar a respirar más rápido de lo habitual y gemir a la vez, o dejar de respirar unos segundos, verás cómo se activa el rubor de tu cara y gimiendo a la vez parecerá un orgasmo. Las contracciones de los músculos de la vagina no suelen ser percibidas por los hombres, así que como ves, en bastante fácil. Los hombres, sin embargo, no pueden fingir, ya que los cambios en la excitación sexual (sobre todo la erección) son muy evidentes y no pueden provocarse de otra manera. ¿Por qué fingimos si, supuestamente somos mujeres liberadas? Porque todavía no lo somos. Porque no queremos que el hombre se sienta menos hombre porque no ha conseguido provocarnos el orgasmo, porque nos da vergüenza pedir lo que realmente nos gusta, porque estamos sumidas en la rutina y el aburrimiento, porque creemos que somos raras si no conseguimos el ansiado orgasmo vaginal y por eso no estimulamos el clítoris, porque nos da miedo perder el control que supone dejarse llevar hacia el orgasmo, porque tenemos demasiadas preocupaciones en la mente y no desconectamos para conectar con la sexualidad o porque no sabemos cuál es el camino para conseguir el orgasmo y no queremos que el hombre se sienta mal por no saber enseñárnoslo. Todavía nos queda mucho camino para conseguir liberarnos pero si estás leyendo este libro prueba a preguntarte todos los porqués que acabo de escribir y a intentar hacer algo diferente.

La sexualidad en el vientre de nuestras madres

Empecemos por el vientre. Desde que el filósofo Anaxágoras concluyera que los niños procedían del testículo derecho y las niñas del izquierdo hemos avanzado en cuanto a saber cómo es realmente este hecho. En la Edad Media algunos aristócratas se extirpaban el testículo izquierdo para procrear únicamente varones. También se ha pensado en algún momento de la historia, que la madre no transmitía ninguna información genética, simplemente que su útero era el sitio dónde se creaba la nueva criatura con el semen del padre. Ahora sabemos que cada una de nuestras células contiene 46 cromosomas, situados en parejas. De estas 23 parejas hay una pareja que son los cromosomas sexuales. Los cromosomas sexuales de un hombre son XY y los de una mujer son XX. Los óvulos y los espermatozoides, que son las células reproductoras, contienen sólo uno de los dos cromosomas, X o Y. Es decir, los óvulos siempre contienen el cromosoma X y el espermatozoide puede contener el cromosoma X o el Y. Dependiendo de qué espermatozoide fecunde el óvulo comenzará la formación de un posible feto que dará lugar a un varón o a una mujer. Pero durante las seis primeras semanas de fecundación el feto no muestra ninguna diferencia, es a partir de este momento que, si el feto lleva el cromosoma Y, se liberará testosterona que convertirá la estructura existente en testículos y pene y si no lleva el cromosoma Y, la misma estructura celular se convertirá en ovarios y clítoris. Podríamos decir que los fetos son todos femeninos, hasta que entra en juego la testosterona (a partir de la sexta semana), que convierte algunos de ellos en masculinos.

La sexualidad genital

A partir del momento en que nacemos ya somos varones o hembras. Este hecho parece hacer necesario que si somos hombres nos gusten las mujeres y viceversa. Pero no es así, como sabemos hace tiempo y poco a poco va aceptándose en nuestra sociedad. Hace no demasiado tiempo, la homosexualidad estaba dentro del manual diagnóstico de psiquiatría americana (DSM), manual que utilizamos para diagnosticar todos los profesionales de la salud mental, como un trastorno mental y fue perseguido por la ley de vagos y maleantes hasta los años setenta. Todavía hoy en día no es algo natural a lo que nos enfrentemos, muchas personas tienen dificultades para aceptar esta condición y para ser aceptados por su sociedad y por sus familias. Los profesionales de la ayuda seguimos acompañando a personas en estos procesos y vemos muchas dificultades en torno a la homosexualidad. Existen también otras condiciones que generan dificultades a la hora de aceptar y a la hora de ser aceptadas, como la transexualidad. La transexualidad es una condición por la que la persona se siente con el sexo contrario al sexo biológico con el que ha nacido. En este caso el conflicto está entre el sexo biológico y el sexo cerebral. Imaginemos por un momento que al despertar mañana, y vernos en el espejo veamos el cuerpo del sexo contrario al nuestro. ¿Cómo nos sentiríamos? ¡Desde luego que asustados!

Responsabilízate de tu propia sexualidad

Como ya hemos visto hay muchos factores que afectan a nuestra sexualidad, tanto positivos como negativos. Es importante tenerlos en cuenta para darnos cuenta y ser más conscientes de nuestra sexualidad y de esta manera poder disfrutar plenamente de ella. Quiero daros algunas recomendaciones para empezar, seguiremos profundizando en ellas.

- Empieza a preocuparte de tu propia sexualidad, es muy importante conectar con ella y conócete tu primero. Explórate y busca tu propio placer a solas.

- Empieza a buscar un momento al día para ti. La mujer siempre está muy pendiente de los demás. Se nos ha enseñado, desde pequeñas, a ayudar a los demás. A tener en cuenta las emociones de los demás y a conectar mucho con los sentimientos de los otros. Pero no se nos ha enseñado a conectar más con nosotras, con nuestro placer y con nuestra sexualidad. Y esto es importante. El problema es que no se le da la importancia que tiene. Parece que no nos merezcamos disfrutar por disfrutar, que todo tenga que tener una contrapartida, que el sexo llegue a ser una moneda de cambio por la que recibimos amor y cariño y a cambio damos sexo. Ya desde pequeñas, cuando una niña se explora la zona genital (que es algo normal que después se nos veta) la madre probablemente le diga: «no te toques eso!». Se vive, por parte de las madres, como algo sucio, algo a no contemplar; los genitales y la sexualidad. Sin embargo en los niños vemos como a los adultos les hace gracia que se toquen su pene, incluso es signo de virilidad desde pequeños «mira mi hombrecito y su soldadito!». Se asocia, como veis, a fuerza y a hombría. Esto también genera algún que otro malentendido en la edad adulta, que veremos en los capítulos dedicados a personalidades masculinas.

- Una vez te vayas conociendo ponle palabras a lo que te gusta y empieza a oírlas saliendo de tu garganta. Empieza a decirle a tu pareja cómo y dónde tocarte y a guiarle con tu propio cuerpo.

- Deja de darle importancia a saber si consigues los ansiados orgasmos vaginales o no. Los orgasmos son orgasmos, y todos son válidos. Sólo existe un tipo de orgasmo, el orgasmo, independientemente de la vía de estimulación a través de la que se consiga. Depende de ti que los disfrutes más aprendiendo a aceptarlos tal y como son. Hay mujeres (no todas) que consiguen llegar al orgasmo a través de su estimulación indirecta. Esto sería el famoso orgasmo vaginal. Lo que no sabéis, seguramente, es que la estimulación vaginal conecta a través de diferentes nervios con el bulbo clitoridiano, por lo que en realidad, las mujeres que consiguen el orgasmo durante el coito (penetración) es por estimulación indirecta del clítoris o porque la postura favorece la estimulación por frotamiento del clítoris.

- Supera la rutina que siempre llega. De vez en cuando piensa en algo diferente y hazlo. Por ejemplo queda con tu pareja en un bar y llegad cada uno por separado (algo poco habitual en parejas que viven juntas). Charlad como si fuerais desconocidos y a ver qué pasa. En casa también puedes cambiar la rutina de vez en cuando. Sorprende a tu pareja preparando la casa con una iluminación diferente, una botella de vino y algo para picar. Tened una conversación retomando la posición frente a frente (la solemos cambiar por frente a la pantalla ambos) y comenzad con un masaje con algún aceite con olor y una música relajada a ver qué pasa. Seguro que en ambas ocasiones pasa algo diferente a lo que suele ocurrir, que os dormís viendo la tele.

- Date permiso para tomarte tu tiempo libre. Tiempo para desconectar, para cuidarte y para volver a conectar contigo misma. Busca algo que te solía gustar hacer, como ir a dar un paseo, quedar con amigas o leer un buen libro. A partir de aquí puedes aprender a ser más consciente del momento en el que estás teniendo una relación sexual y aprender a desconectar y a darte permiso para tu propio disfrute. Muchas mujeres no se permiten disfrutar y les cuesta mucho dejarse llevar en las relaciones sexuales y desconectar del mundo para conectar con la sexuali-

dad (hecho necesario para disfrutar). Todavía arrastramos el peso de ser menos importantes y por tanto menos merecedoras del disfrute y del goce, algo que se ha mantenido en el territorio masculino durante mucho tiempo.

2

Diferencias sexuales entre hombres y mujeres

Las mujeres y los hombres somos diferentes, salta a la vista. Aunque vivamos en el llamado primer mundo y estemos en plena expansión de la mujer luchando por la igualdad, esto no exime de que las mujeres y los hombres seamos diferentes. No quiero decir ni mejor ni peor pero sí diferentes. Si tenemos en cuenta estas diferencias creo que será más fácil luchar por la igualdad. La buena noticia es que a diferencia de la mayoría de nuestras abuelas y algunas de nuestras madres, nosotras estamos ya en el camino de la expansión, pero tenemos todavía mucho que hacer. La mala noticia es que estamos padeciendo una crisis de valores en la que no están claros los roles dentro de la pareja, en la educación, en la sociedad, en la naturaleza y en la mayor parte de ámbitos de la vida. Ya no se sabe dónde están los límites entre profesores y alumnos, entre el hombre y la mujer, entre los hombres y la naturaleza o entre padres e hijos. Una crisis por definición es una coyuntura de cambios, es decir, nos empuja a generar cambiar porque lo que había ya no es válido. Y en eso estamos hombres y mujeres. Tratando de construir un modelo de pareja y de relaciones en el que estar cómodos, teniendo en cuenta que el que había ya no es viable.

Breve reflexión sobre las parejas

En el momento actual las mujeres están ganando mucha fuerza y esto necesariamente genera una crisis en las parejas. Antes estaba claramente definido el rol de la mujer en la pareja y en la sexualidad y también el rol del hombre. El rol de la mujer era un rol de cuidadora, de estar a disposición de la pareja y de los hijos y de gestionar las emociones familiares. El del hombre era el rol del fuerte de la familia, el que traía el sustento a casa y el que, cuando llegaba a casa, tenía disponible a su mujer, la comida y las necesidades hogareñas. Ahora se han mezclado los roles y los límites están por definir en cada pareja. Hay parejas muy igualadas en el cuidado familiar, el trabajo fuera de casa y las tareas del hogar. Las hay incluso en el sentido contrario, la mujer teniendo más peso laboral fuera del hogar y el hombre dedicándose más al hogar (no demasiadas). Las mujeres ya no aceptamos el esquema del pasado y todavía no hemos inventado un nuevo modelo de pareja en el que hombres y mujeres estemos cómodos. En ese marco de desencuentro se mueven la mayor parte de las parejas, intentando encontrar una posición. Los hombres empiezan a sentir la presión de dar placer a las mujeres, cuando antes, el único que recibía placer era el hombre, el de la mujer no se tenía en cuenta. Las mujeres reivindican el sentir este placer aunque muchas todavía no se atreven a dejarse llevar y jugar con el placer sexual, todavía sienten que está mal en algún nivel. Los adolescentes viven un momento de híper-sexualidad donde toman y utilizan su sexualidad de una manera muy superficial, dándole muy poca importancia y casi como moneda de cambio del dar y recibir cariño entre iguales. De aquí surgen conflictos en los roles y necesidades no cubiertas ya que tanto hombres como mujeres tenemos el modelo anterior grabado en nuestro cerebro. Hemos aprendido en familias en las que los roles sí estaban más definidos, y aquí todos tenemos y estamos haciendo un ejercicio de responsabilidad, tomando lo que nuestros padres y abuelos nos han dado y adaptándonos a nuestra propia realidad. Hay muchas cosas positivas con las que nos podemos quedar de este modelo anterior, pero también hay otras a cambiar. Para ello es necesario que cada uno se responsabilice de lo suyo y que tome conciencia de quién es y de que quiere ser dentro de una pareja. También a nivel sexual. Es necesario tomar conciencia de quiénes somos, la sexualidad es un reflejo de quién es la persona, una continuación de ella misma. En la segunda parte del libro, dedicado a las personalidades sexuales, veremos cómo la sexualidad se muestra en cada persona de una manera muy similar a su propia personalidad.

Las mujeres no tienen ganas

¿Estás de acuerdo con esta afirmación? Yo no del todo, ahora explicaré más en profundidad por qué las mujeres parece que tienen menos ganas de tener relaciones sexuales que los hombres. Creo que en muchos casos las ganas están, pero se inhiben.

Hay muchas explicaciones por las que la mayoría de mujeres, la mayoría de días, si les preguntásemos, dirían que no tienen ganas de tener una relación sexual. El bajo deseo sexual o deseo sexual hipoactivo, es un trastorno que los sexólogos tratamos habitualmente y que tiene una prevalencia de hasta un 45% en muestras españolas. Esto quiere decir que casi una de cada dos mujeres ha sufrido este problema. Hay expertos que hablan de la influencia cultural y de la represión y otros de factores biológicos en el bajo deseo sexual. La realidad es que muchas mujeres dicen que podrían vivir perfectamente sin tener sexo, ¿conoces algún hombre que diga algo así?

La represión cultural y social que hemos sufrido durante generaciones está presente en este hecho. Fíjate en el momento que una madre observa cómo su hija empieza a explorarse la zona genital. ¿Qué le dice esta madre a su hija? «¡Ahí no toques! ¡Está mal!» Ahí empieza la transmisión cultural. La hija siente la desaprobación de su madre e irá aprendiendo que esa zona está restringida a la exploración. Y fíjate en el mismo hecho en un chico, ¿qué le dice su madre? «Mira, ¡qué gracioso el niño!». El niño sí tiene la aprobación de su madre, por lo tanto seguirá investigándose, ya que está bien visto explorarse la zona genital. Así funcionamos de pequeños, lo que más nos interesa es el amor de nuestros padres y haremos todo lo posible para obtenerlo. Cuando a nuestros padres les parece bien nuestro comportamiento, de una manera sutil, estamos sintiendo que somos queridos por ellos. La mayor parte de nuestros comportamientos se basan en la búsqueda de su aprecio, que nos ayudará a construir una imagen segura del mundo en el que vivimos. Este es un ejemplo en edades muy tempranas de represión cultural en la mujer. A partir de aquí hay toda una enseñanza contradictoria en la que se nos dice que debemos ser mujeres liberadas y se nos enseña a reprimir nuestra sexualidad, a sentir vergüenza de nuestros genitales y de nuestro cuerpo en general, e incluso asco o repulsión ante nuestras partes íntimas (no hay más que ver la cantidad de anuncios de cremas y productos para limpiar y quitar el mal olor de la vulva en comparación con la ausencia total de anuncios de productos para limpiar el pene).

Esta represión tiene muchas consecuencias que voy a intentar resumir en los siguientes párrafos, basándome en las mujeres que conozco y sobre todo en las mujeres que vienen a mi consulta a tratar temas de sexualidad:

- Nos preocupa mucho lo que piensen los hombres de nuestro físico y de nuestros genitales y no acabamos de estar cómodas. Si estamos con un chico, llevemos años con él o sea una aventura pasajera, y pensamos, ¿me habrá notado la barriga? Seguramente no seremos capaces de disfrutar ese momento.

- Que la mujer tome la iniciativa está mal visto, sí. Aunque se diga lo contrario, los chicos todavía se asustan y les da pavor pensar dónde habrán aprendido todo eso, y la propia chica piensa que el chico va a pensar eso mismo, así que mejor quietas y a la espera.

- La vergüenza. A este tema le dedico un capítulo entero porque es algo muy común. La vergüenza a hacer, pedir, dejarse llevar, mostrarse, hacer ruiditos.

- Seguimos viviendo en una doble moral entre lo que nos apetece y lo que debemos hacer. No es que a las mujeres no nos apetezca irnos a la cama con un tío cañón que nos está asediando, es que perdemos muchas oportunidades porque no piense que somos mujeres fáciles, el famoso «hazte valer».

- Estar pendientes de los demás siempre, ya sea la pareja, los padres, los hijos, el trabajo, la ropa o la compra. Hemos aprendido a ser serviciales y ocuparnos de las necesidades de los demás pero no nos fijamos en las propias, o no les damos importancia. Estar pendiente de uno mismo significa quererse, permitirse explorar lo desconocido, darse placer y sentirse merecedor de todo ello.

- Pensar en tener una relación sexual tiene que ver con la valoración que hagamos de nuestra satisfacción sexual, lo mismo para la que tiene pareja estable que para la que no. Es una cuenta matemática en la que sumo lo que disfruto y resto el esfuerzo que me supone tener esa relación sexual: dormir menos, dormir mal (en cama ajena), mostrar mis defectos, abrirme a la posibilidad de que alguien me guste demasiado (si no es pareja estable ya), despeinarme y acabar con el maquillaje como un cuadro abstracto, etc. Si esa cuenta sale negativa, probablemente no tenga una relación sexual y me quede tranquilamente en casa viendo una película con mis palomitas de mantequilla, o si es mi pareja, le diga que estoy muy cansada o que me duele la cabeza. Nos tiene que compensar la relación. Y para eso tiene que ser divertida, aportar placer y eso no sólo depende de ellos, también de nosotras. Decir lo que te gusta y cómo te gusta es importante, ¿sabes por qué? ¡porque no son adivinos!

- Necesitamos sentirnos conectadas a la pareja. Si nos pasamos tres días como si fuéramos unos desconocidos por casa, sin casi mirarnos a la cara tras una discusión, es poco probable que de repente nos apetezca un encuentro sexual y no entendemos como a ellos sí les apetezca. Necesitamos abrazos, besos, palabras de vez en cuando.

Otro factor importante en las diferencias entre hombres y mujeres es la testosterona. La testosterona es una hormona del grupo andrógeno (masculino), que es producida principalmente por los testículos de los hombres, aunque también es segregada en los ovarios de las mujeres (en menor cantidad). Su función principal es el desarrollo de los tejidos reproductivos (testículos, próstata, etc.) así como la promoción de los caracteres sexuales masculinos: aumento de la masa muscular, crecimiento de vello corporal, incremento de la estatura, voz más grave, etc. Además de estas funciones la testosterona es fundamental para mantener la actividad sexual, la erección y el deseo sexual. Podría definirse como la «hormona del sexo». Existen numerosos estudios y fármacos que utilizan la testosterona para tratar los problemas de bajo deseo sexual, o deseo sexual hipoactivo, en mujeres y en hombres. Tanto hombres como mujeres segregamos testosterona pero en diferentes cantidades, los hombres segregan una cantidad muy superior a la que generan las mujeres. Y esta es una diferencia clara entre hombres y mujeres que tiene mucho que ver con que los hombres tengan varios pensamientos sexuales al día y que en muchos de ellos, su primer pensamiento al despertar, sea el sexo y las mujeres tengamos muchos menos.

Si queremos salir de este paradigma en el que las mujeres no tenemos ganas tendremos que empezar a poner en marcha cambios a nivel psicológico. Es verdad que partimos de menos deseo que los hombres, hablando en general, pero gran parte del deseo sexual tiene que ver con las normas establecidas socialmente y con nuestro propio aprendizaje que no nos anima a buscar, a jugar y a sentir placer. La sociedad se irá adaptando a los nuevos tiempos como siempre lo hace, pero es importante empezar por uno mismo y no esperar a que todo cambie fuera. Creo que el modelo sexual actual es complicado, igual que lo es el de pareja y que las mujeres no terminamos de encontrar un lugar cómodo en el que disfrutar de la sexualidad sin prejuicios. Prueba la siguiente guía de cambio sexual y empieza a actuar para ser dueña de tu sexualidad (no será fácil pero los resultados valdrán la pena).

- Deja de preocuparte tanto por tu físico y de hacerle caso al continuo bombardeo de los medios de comunicación para estar delgada, joven y perfecta. Por más que te mires y te preocupes tu cuerpo es cómo es, y así tienes que quererlo y aceptarlo. La imagen que tenemos como el ideal físico es imposible de conseguir. Es una imagen de delgadez, de juventud y de perfección que no existe. Las mujeres somos mucho más, hay más variación y menos perfección. Sal al mundo y dile «yo soy así». La misma fórmula es aplicable a la vulva, hay tantas vulvas como mujeres existen y difieren en tamaño de los labios, tamaño y grosor del clítoris, forma de los labios, monte de Venus, etc., dile al mundo: «Así es mi vulva».

- Toma la iniciativa, ¿qué más da lo que piensen los demás? De acuerdo, a todos nos importa, pero intentemos que no nos importe tanto. Cuando te apetezca tener una relación sexual toma la iniciativa y búscala, experimenta la sensación de tomar las riendas de tu sexualidad.

- La vergüenza se acaba practicando. Haz cosas que no habías hecho antes. Por ejemplo, si nunca te has comprado ropa interior sexy, prueba a comprarla y póntela a ver que experimentas. Cuantas más veces lo practiques menos vergüenza te dará. ¡Tampoco tienes que practicarlo todo! pero aquellas cosas que fantaseas hace tiempo y que no te atreves a hacer pruébalas, a ver qué pasa. Seguro que te sigue dando vergüenza pero poco a poco verás cómo se pasa y aparece el goce.

- Tómate tu tiempo para: perder el tiempo, descansar, tomar un café en ese bar que te encanta, hacer una escapada a ese sitio que te encanta, quedar a comer con buena compañía, tener una conversación tranquila con tu pareja, quedarte una hora más en la cama porque puedes, leer un libro que te llena, jugar con tu hijo tomate tiempo.

- Pídele a tu pareja que te prepare cosas que te gustan, un baño, una comida, un masaje. Seguro que piensas que pierde valor si lo pides pero si no lo pides no lo tendrás y estarás dando por hecho que tu pareja te lee el pensamiento. Pídeselo en positivo, no lo exijas.

- ¿Se te ocurre alguna más? Ponla en práctica.

Los hombres siempre tienen ganas

¿Te suena esta frase? Seguro que sí. Es igual de verdad o de mentira la idea de que las mujeres no tienen ganas. Los hombres, en general, tienen más deseo sexual aunque también hay muchas diferencias individuales, como en el caso de las mujeres. Pero para hablar aquí necesito generalizar, así que hablaré de la mayor parte de los hombres. El hecho de que tengan más testosterona es un factor que potencia el deseo sexual en los hombres. Pero no sólo nos mueven las hormonas. También nos mueve la cultura, la propia psique, la presión social, las expectativas y el modelo de hombre existente en la actualidad.

Lo irónico al hablar de los hombres es que, aun teniendo la mejor parte en esto del sexo, también salen malparados. Ahora que la mujer está en plena expansión y empieza a reclamar su propio placer, el hombre ve que esto es necesario para estar satisfecho, dar placer a la mujer, pero no sabe muy bien cómo hacerlo. Además las mujeres esperamos de ellos que sean unos expertos amantes, que no se sientan inseguros, que siempre tengan ganas y estén disponibles, que aguanten mucho rato, que no tengan fantasías raras (relacionadas con el placer anal, sobre todo), que sus penes estén siempre perfectos y duros y seamos sinceras, que tengan un pene grande. ¡Qué presión!

He tenido pacientes que vienen apesadumbrados y sintiéndose culpables por no cumplir con sus parejas o con sus aventuras. Cuando hablo de no cumplir hablo de que pierden su erección en medio de una relación, o no son capaces de tenerla y ahí termina todo. Una de las consecuencias de la falocracia en el sexo, es que la única relación sexual que se contempla como buena, es la penetración. Sin penetración no hay relación sexual completa. Este término lo escucho siempre en consulta, los pacientes me suelen plantear el problema así:

> Paciente: «Hola, tengo un problema, no puedo tener relaciones sexuales».
>
> Pareja del paciente: «Sí, no podemos, no le funciona...».
>
> Yo: «¿Qué consideráis como relación sexual?» (Nunca doy nada por hecho.)
>
> Paciente: «Hombre pues ya sabes... La penetración, no tenemos relaciones sexuales completas».
>
> Pareja del paciente: «Ya ni lo intentamos, total para no acabar».
>
> Yo: «¿Tenéis algún tipo de contacto sexual, ya sea besos, masturbación, masajes eróticos, etc.?»
>
> Paciente: «Sí pero eso no cuenta, ¿no?, además me siento mal por no poder así que tampoco me apetece mucho ponerme, total para nada».

Es importante que os quitéis un poco de presión y que cambiéis esa visión que tenemos de los hombres como súper-hombres siempre con ganas de sexo y siempre con grandes erecciones y que vosotros, hombres, también lo hagáis. El sexo tiene que ser algo natural, sin culpas ni presiones, algo de lo que disfrutar sin un objetivo concreto. A veces, en terapia, lo describo como una fiesta. Por ejemplo una casa con una piscina llena de velas encendidas y flores. Además, hay un hombre que prepara agradables cócteles y una música que invita a moverse, cuando esté allí me lo pasaré muy bien, conoceré gente, tomaré algo rico y disfrutaré de una noche estupenda. Sin embargo, si voy a una fiesta un día de lluvia que no me apetecía realmente, casi obligada por quedar bien con alguien, por el camino me mojo hasta las rodillas y al llegar me encuentro con tres personas sentadas con cara de aburridos y sin hablar, en un bar no muy agradable, probablemente no me lo pasaré nada bien y el esfuerzo de haber salido no valga la pena. Cuando me vuelvan a invitar otro día a salir estos amigos me lo pensaré dos veces antes de ir, porque con lo que me cuesta ducharme, arreglarme, salir de casa (con lo a gusto que estoy un sábado por la tarde con mis perras en el sofá viendo una buena película), pensaré que el esfuerzo no valdrá la pena. Y cuantas más veces me pase, tanto la fiesta de la piscina como la fiesta del bar no agradable, más o menos ganas tendré de repetir. Por supuesto entre estas dos fiestas hay otras intermedias. El sexo es igual. Para tener una relación sexual, dejamos de hacer otras cosas, dedicamos un tiempo y una energía en el previo y en la relación (más o menos dependiendo si hay fase de conquista o no y de la intensidad de la relación), y si no nos lo pasamos demasiado bien, si no nos compensa, bajan nuestras ganas de volver a tener otra relación, es decir, nuestro deseo sexual, igual que bajarían las ganas de salir a otra fiesta aburrida. Podemos definir el deseo sexual, como la suma de recuerdos positivos, neutros y negativos que tenemos de las relaciones anteriores, no de muchas, pero si de las últimas. Es decir, el deseo sexual depende, en gran medida, de nuestra satisfacción sexual.

Consejos para aumentar tu satisfacción sexual

- Fuera prejuicios. El sexo está bien. Es la maquinaria que nos ha traído a este mundo así que se merece todo nuestro respeto y como tal, la mejor manera de respetarlo es disfrutar de él.

- Relájate y piensa que todo lo que hagas está bien. El límite es hacer algo que la otra persona no quiera, mientras no crucemos este límite está bien.

- Si eres hombre quítate la presión de cumplir como un machito. Tu hombría no está directamente relacionada con la cantidad de erecciones que seas capaz de tener ni con el tiempo que dures en el coito. Si no te apetece está bien también. Tienes derecho a estar cansado o preocupado por cosas y que no te apetezca.

- Si eres mujer y estar con un hombre que pierde la erección o que no la tiene y automáticamente piensas que no le gustas, cambia ese pensamiento por otro y sobre todo no le preguntes: «¿Qué te pasa, es que no te gusto?». Esto le genera automáticamente un aumento en la presión que probablemente ya sienta por no haber conseguido ponerse o por haber tenido un «gatillazo» y en vuestro próximo encuentro, o en el de él, es más probable que le sobrevenga este miedo y vuelva a bloquearse.

- Y si eres hombre, ¡acepta que no siempre debes estar a tope! No pasa nada. Tu pene sigue funcionando, olvida todos los anuncios que has visto sobre eyaculación precoz e impotencia y céntrate en disfrutar sin prisas ni presiones y sin tener que cumplir con la penetración. Hay muchas más prácticas muy divertidas. Ya verás como en el momento que no te lo tomes como una obligación tu pene vuelve a responder.

- Si eres hombre no creas que no se te permite sentir vergüenza o inseguridad, tienes derecho a tener las emociones que tengas. A los hombres socialmente no se les permite sentir muchas de las emociones que sienten, que son exactamente las mismas que sentimos las mujeres. Ahí si que somos iguales, tenemos las mismas emociones.

- Si eres mujer no esperes a que él sea un erudito en la materia sexo y que sepa perfectamente lo que quieres que te haga en cada momento. Rompe tu silencio y empieza a pedirle y a decirle lo que te gusta, aunque sea un encuentro de una noche. No pasa nada. Le gustará saber por dónde ir. Porque no a todo el mundo le gustan las mismas cosas. El exigirles que sepan que hacer siempre nos aporta una posición cómoda porque podemos criticarles pero no tenemos que hacer nada de nada. Toma responsabilidad sobre tu cuerpo y sobre tu placer y pídelo, explícalo y después disfrútalo.

Cambios físicos y psicológicos en el sexo

Masters y Johnson fueron un matrimonio pionero en el estudio de la sexualidad. Él era ginecólogo y ella comenzó a trabajar para él como secretaria. Pronto se unió al trabajo de investigación y aprendió al lado del doctor Masters. En los años sesenta comenzaron una investigación que cambió la percepción y los conocimientos hasta ese momento sobre sexualidad, que no se había entendido más allá de su utilidad reproductiva. Fue un estudio muy llamativo por los resultados y por la metodología: utilizaban sujetos reales teniendo relaciones sexuales. Con aparatos, registraban la respuesta fisiológica que ambos tenían durante la relación. Incluso tenían un vibrador con una cámara que utilizaban para grabar el interior de la vagina de la mujer, durante una masturbación. A partir de aquí se abrió un campo de estudio en el que todavía seguimos investigando la sexualidad. En 1966 publicaron el resultado de sus investigaciones en el libro *Respuesta Sexual Humana* que revolucionó la visión de la sexualidad y a partir del cual siguieron investigando para aprender a tratar las disfunciones sexuales.

En su libro describen la relación en cuatro fases. En la actualidad las investigaciones han llevado a añadirle una fase más, previa a estas cuatro, el deseo. Las cinco fases actuales de la relación sexual son:

DESEO

El deseo previo de una relación sexual puede comenzar incluso horas antes de la relación. También es parte de la relación sexual. Esta consideración amplía la capacidad de trabajo de las personas sobre su propia sexualidad porque uno puede tener una fantasía por la mañana e irla alimentando todo el día hasta que se encuentre con su pareja. Las fases son las mismas para el sexo en compañía que para el sexo en solitario. El deseo funciona igual en hombres y mujeres. Hay una parte que depende de la imaginación, de las fantasías, los prejuicios, es decir, de la represión cultural. En este sentido, como explicaba antes, salimos peor paradas las mujeres. Y hay otra parte que depende principalmente de la testosterona.

EXCITACIÓN

Durante la excitación se producen cambios psicológicos y físicos tanto en el hombre como en la mujer.

En la mujer los principales cambios fisiológicos son la vasocongestión de las paredes vaginales que se enrojecen y la vagina cambia de forma y de posición expandiéndose hasta dos tercios de su tamaño habitual, adaptándose así al tamaño del pene.

También hay cambios en los órganos sexuales externos, con hinchazón de los labios menores y separación de los labios mayores. La temperatura de la vagina aumenta y se produce la lubricación vaginal. Otro cambio en la mujer es la miotonía o tensión neuromuscular: se va acumulando energía en las terminaciones nerviosas de toda la zona de la vulva y en los músculos de todo el cuerpo. Además, se eleva el útero (cambia de posición para facilitar la penetración), el clítoris aumenta de tamaño (igual que la erección del pene), y se acelera el ritmo respiratorio y cardiaco.

En el hombre, durante la excitación se produce principalmente la erección del pene. El mecanismo de la erección consiste en llenar de sangre los cuerpos cavernosos que están dentro del pene. Son como dos esponjas, que al recibir más afluencia de sangre, provocan un mayor tamaño, más rigidez y el cambio de posición del pene. Los testículos ascienden y la piel del escroto (saco dónde se alojan los testículos) se enrojece. Además se produce la secreción de líquido pre-seminal, que sirve para limpiar el conducto a través del cual sale el semen durante el orgasmo. Este conducto es el mismo por el que el pis sale de la uretra, por eso el líquido pre-seminal es necesario para limpiarlo. También sirve para lubricar.

MESETA

Durante esta fase los cambios alcanzados se mantienen y se intensifican tanto en el hombre como en la mujer. El clítoris se retrae de nuevo en esta fase y vuelve a introducirse en la membrana que lo cubre. Aumenta la tensión muscular, la respiración hasta llegar al orgasmo.

ORGASMO

Durante el orgasmo, se produce la liberación de la tensión muscular que se ha ido incrementando en las fases anteriores, en forma de contracciones musculares rítmicas que pueden durar más o menos tiempo. La respuesta fisiológica del orgasmo consiste, en el hombre, en la eyaculación en la mayoría de ocasiones (aunque hay hombres que pueden tener orgasmos sin eyacular) y en la mujer, en algunas ocasiones también hay una pequeña eyaculación. El orgasmo puede durar entre 3 y 8 segundos aunque se pueden practicar técnicas para aumentar el tiempo y la capacidad de disfrute durante el orgasmo. La respuesta psicológica del orgasmo es mucho más importante ya que de ello depende la sensación de disfrute o satisfacción que tenga la persona. Consiste en entrenar a la mente y por tanto al cuerpo, para que sea capaz de dejarse llevar lo máximo posible durante la relación. Esto quiere decir tomar plena conciencia de lo que se está haciendo en ese momento y no pensar en tareas, problemas o preocupaciones que dificulten este proceso. Para conseguirlo también es importante llevar una vida equilibrada. No se puede pretender estar constantemente preocupado y estresado y cuando llegue el momento del sexo, ser capaz de desconectar y disfrutar plenamente, es complicado que funcione. A lo largo del libro iré explicando diferentes técnicas para ser capaz de disfrutar más del sexo y por supuesto del orgasmo.

RESOLUCIÓN

Esta fase consiste en el retorno a la normalidad, después del orgasmo, tanto del cuerpo como de la mente. En el hombre la resolución conlleva un periodo refractario, un tiempo durante el que no puede volver a tener un orgasmo, si ha habido eyaculación. La mujer, sin embargo, puede tener varios orgasmos seguidos pasando de la fase de orgasmo de nuevo a la de excitación, meseta y después orgasmo. Son las llamadas mujeres multiorgásmicas.

SEGUNDA PARTE

PERSONALIDADES SEXUALES

3

Personalidad y sexualidad

La personalidad es un concepto que hemos construido los humanos para poder organizarnos de una manera ordenada. Desde pequeños empezamos a aprender en bloques o conjuntos de cosas y nos formamos una idea del mundo organizada en categorías. Por ejemplo los bebés, en seguida empiezan a entender que su oso y su jirafa tienen la misma categoría de cosa: son peluches. De esa manera somos capaces de abarcar y entender más cosas. Imagínate que tuvieras que analizar cada cosa que ves, cada historia que alguien te cuenta, cada árbol, cada coche que ves por la calle o cada persona como una entidad aislada. Te faltaría tiempo y capacidad para poder procesar otras cosas importantes. Es así como funciona nuestro cerebro, en categorías. De hecho, los llamados estereotipos o prejuicios no son más que categorías. Cuando vemos a alguien, con determinados rasgos, ropa y tipo de actitud, nos podemos hacer una idea más o menos de que persona es, a que se dedica o de dónde proviene. Esto, mirado de manera positiva, nos ayuda a simplificar el mundo. Si no viviríamos en un constante desconocimiento de todo. Pero también es verdad que a veces, esas categorías no nos dejan ver rasgos que también existen o nos alejan de conocer más en profundidad a alguien. Como todo, tiene sus ventajas y sus inconvenientes. Pues con la personalidad pasa lo mismo. Nos hemos creado varios tipos de personalidad en los que más o menos podemos encajar todos, para no tener que analizar persona a persona. De esa manera cuando conocemos a alguien le podemos categorizar como: extrovertido, vitalista, tímido, nervioso, abierto de mente, tímido, responsable u otras categorías o etiquetas. Esto nos puede ayudar o desviar, depende de cómo lo utilicemos y de la flexibilidad con la que miremos estas categorías que aparecen en nuestro cerebro cuando conocemos a alguien.

La sexualidad es un prolongación de quién somos y por tanto de nuestra personalidad. De nuestra personalidad como individuos y de nuestra personalidad como familia y como sociedad. Por tanto hay que hablar de la sexualidad en estos tres niveles, porque estamos inmersos, a cada paso que damos, en los tres. No penséis que cada uno decide quién es, qué personalidad tiene y cómo quiere ser, es una conjunción de factores como dónde ha nacido, en qué familia, en qué época histórica y en qué clase de sociedad. No es lo mismo, por ejemplo, una adolescente hace 60 años, a la que se le inculcaba la importancia de respetarse no teniendo relaciones sexuales hasta el matrimonio y cuyo objetivo vital era casarse y ser madre, que una adolescente actual, que vive experimentando la libertad de poder salir, viajar, estudiar y rodearse de las personas que quiera y cuyo objetivo vital es aprender y desarrollarse como persona. Hace 60 años era impensable que la mujer pudiera decidir si quería tener hijos o no, era algo que se daba por hecho. Hoy día cada vez es más frecuente que las mujeres decidan conscientemente no tener hijos en pro de una vida laboral más rica y en constante crecimiento. Si comparamos a estas dos adolescentes, con 60 años de diferencia en los que ha habido grandes cambios sociales y de modelo familiar, probablemente ambas tengan los deseos de crecer que todo adolescente suele tener, pero una puede realizarlos y la otra tiene un único camino marcado socialmente por el que puede caminar si quiere seguir perteneciendo, tanto a la familia como a su sociedad. La sexualidad es mucho más que sexo, es un acto de pasión, de profundidad y de reconocimiento de uno mismo y del otro. También es un encuentro real entre dos personas, el que más fuerza tiene ya que es el camino hacia la vida y es la causa por la que cada uno de nosotros tiene lo más importante que jamás podrá tener: la vida.

La vida que llevamos actualmente es un tipo de vida competitiva en el que ganar se ha convertido en uno de los principios fundamentales. Ganar en lo material, competir para ser mejor que los demás en lo laboral y también ganar en lo emocional. Todo lo que sea una pérdida se vive casi como una enfermedad. Las emociones producto de las pérdidas son rechazadas por la sociedad actual: el duelo, la tristeza, la culpa o la ansiedad se viven como algo a suprimir lo antes posible y no se les da el lugar que merecen. Esto se refleja también en la sexualidad. Hay una competencia por acostarse con el mayor número de personas, con las más guapas y con las que más respaldo social tienen. Esto puede producir que la relación sexual se convierta en una competencia y que el objetivo sea demostrar, destacar, hacer las cosas bien o que la otra persona cumpla nuestros deseos.

En la adolescencia estamos formando la personalidad y por eso es una época tan importante en nuestras vidas. Vivimos todas las experiencias como si fueran decisivas y de hecho en algún nivel es así. Cada experiencia nos marca y nos pone a prueba para afrontar nuestros miedos y dificultades y cada frustración nos enseña algo más de cómo es la vida. Creo que en el momento actual la sexualidad se vive de una manera más liberada, igual que los demás aspectos de la adolescencia. Pero es importante tener en cuenta que si formamos nuestra identidad como seres sexuales en la competencia, esto se mantendrá en nosotros como parte de nuestra personalidad. Esto nos transformará en seres sexualmente competitivos para los que lo importante es tener relaciones con el mayor número de personas posibles y con las más guapas y más competitivas. Es así como se sostiene la autoestima sobre las relaciones sexuales. Cuantos más contactos con personas más competentes más autoestima.

Vivir la sexualidad sin competencia

La propuesta que os hago es vivir la sexualidad sin competir. ¿Cómo? Imagina la diferencia entre un paseo que das, un día de domingo cualquiera, soleado, sin más objetivo que el paseo. Vas observando la hierba, los árboles, cómo se refleja el sol entre las ramas y en el agua. No tienes nada más que hacer. Todo está ordenado. Imagina los olores. Huele a hierba fresca, huele a naturaleza, a río y también pon en marcha el oído. Suenan los pájaros, se oye el riachuelo con agua cayendo desde la montaña y se oye el silencio que solo se oye cuando estás en algún sitio alejado de la ciudad. Esto te llena de tranquilidad y de una extraña sensación de que el tiempo se ha parado y que todo está dónde corresponde. Ahora imagina el paseo que das desde la salida de tu casa, a las 8:20 de la mañana, hasta el metro, rápido porque llegas tarde al trabajo. Bajas las escaleras a toda prisa con un montón de pensamientos que te inundan: reuniones, informes a entregar y clientes con quienes hablar. Después sigues caminando, al salir del metro, hacia la oficina y te vas cruzando con la gente que también va a sus oficinas de la misma manera que tú. La actividad en los dos casos es caminar pero todo cambia. La primera diferencia es que en el caso del paseo el domingo todos tus sentidos están puestos en lo que estás haciendo, estás prestando atención a los detalles y parándote a disfrutar de cada uno de ellos, saboreándolos en todo su amplitud. Te estás tomando tu tiempo para contemplarlos y disfrutar de ellos porque sientes que todo está ordenado y porque te apetece dejarte llevar por ese placer. En el segundo caso, los pensamientos te acechan agobiándote y eso gasta gran parte de tus recursos en buscar soluciones a los posibles problemas que se acercan. Es una actividad rutinaria y ya no te fijas en los detalles que también habrá por el camino, lo has hecho tantas veces que podrías hacerlo con los ojos cerrados. Además vas con prisa porque después del camino te esperan muchas actividades que sabes que consumirán tu energía, por lo que la expectativa no es demasiado agradable.

Sé que no podemos estar siempre como en el primer ejemplo aunque sí que podemos tomarnos las actividades diarias de otra manera.

Pero para que el sexo funcione bien tenemos que intentar tomárnoslo como el ejemplo del domingo. Aquí tienes algunas claves para conectar más con tu sexualidad:

- Tómate todo el tiempo que necesites. No hay prisa. En la sexualidad entran en juego todos los sentidos. Para ser conscientes de nuestros propios sentidos necesitamos tiempo. Con cada sentido puedes encontrar un placer diferente.

- Mantén la actitud de curiosidad. Juega. Intenta tomarte las relaciones sexuales como algo de lo puedes aprender siempre. Aunque con el tiempo se tiende a focalizar la relación sexual en el coito o penetración, intenta salir de esa actitud y darle más tiempo al cuerpo y la mente para disfrutar. Cambia de juegos sexuales. No todos los días hay que hacer lo mismo.

- Relájate. No hay nada bien o mal hecho. No es cuestión de ser el mejor sino de disfrutar y de conocerte mejor. Tu cuerpo es sabio y sabrá cómo llevarte por el camino del placer si confías en él. Puedes poner el entorno de modo que te ayude a relajarte. Los elementos externos también son importantes porque la vista es uno de nuestros sentidos así que pon una luz que te guste, decora el lugar y a jugar.

- Intenta darte tiempo para las preocupaciones y tiempo para el placer. Si las preocupaciones nos mantienen siempre ocupados, preocupándonos y poniendo en marcha soluciones para problemas que todavía no hay ocurrido, estaremos gastando gran parte de nuestra energía y nos resultará difícil entrar en el juego de la sexualidad.

- Varía. No hagas siempre lo mismo. Si lo comparamos con la comida, si un plato de comida te gusta mucho, incluso si es tu preferido, y lo comes durante un mes todos los días, es muy probable que deje de gustarte. Nos hartamos de todo, hasta de lo que más nos gusta. Dale rienda suelta a tu imaginación e intenta variar, en lo que hagas, en cómo lo hagas, cuándo y dónde.

- Confía en ti mismo y confía en el otro. De esta manera conectarás mejor y podréis jugar con más libertad.

- Date permiso. Sin esto es muy complicado poner en práctica los puntos anteriores. Tú eres hombre o mujer y también has venido a este mundo a disfrutar, no sólo a trabajar. No hace falta que hagas nada para merecerlo, sólo con ser ya lo mereces.

- Para ser capaces de jugar en grupo o con otros es importante aprender a jugar solos. También en el sexo. La sexualidad empieza por uno mismo, por su propio autoconocimiento y su propio erotismo. Por su autoconcepto como ser capaz de disfrutar y con ganas de descubrir.

- No le exijas nada a la sexualidad. Esa es una actitud competitiva. La sexualidad no está obligada a darte nada. Hay que tratarla como lo que es, algo delicado que merece más atención y que necesita tiempo y espacio para funcionar.

Sé que al leer esta propuesta seguramente pensarás mil excusas por las que no puedes poner en marcha muchas de estas recomendaciones. Es normal. Cuando nos preparamos para un cambio lo primero que hacemos es buscar una excusa para no tener que hacer el esfuerzo que supone el propio cambio. Al no estar seguros de las consecuencias que nos traerá el cambio, porque no lo hemos vivido previamente, preferimos de entrada mantenernos en nuestro lugar de confort. Aunque en ese lugar no disfrutemos demasiado de la sexualidad. También hay personas que de entrada se aventuran más a cambiar sin hacer una reflexión previa de dónde le pueden llevar esos cambios, son más impulsivos. Seas como seas, inténtalo. No siempre podrás. Está claro que hay momentos en nuestra vida en que nos invaden las preocupaciones por el trabajo, los hijos, el dinero o la familia. Pero deja las excusas de lado de vez en cuando y pon en práctica la atención hacia ti, hacia tus sentidos, hacia tu tiempo libre y hacia tu propio placer. Verás que la diferencia es abismal. De una relación sexual en la que lo principal es el orgasmo y que es un engranaje más entre una actividad y otra de nuestro día a día pasará a un tiempo realmente reconfortante de descubrimiento y más placer. Un tiempo de conocerte a ti mismo, de conocer al otro, de jugar y de redescubrir la actitud curiosa ante la vida. De salir de las rutinas y dejarnos sorprender de nuevo. Sé que no siempre es posible hacerlo, pero pruébalo de vez en cuando, como si fuera el día que sales a ese restaurante que tanto te gusta. Ese día te tomas tu tiempo para arreglarte, lo reservas, lo imaginas. Estás unas horas antes experimentando, por anticipado, el placer que vas a sentir al probar esos platos que tanto cariño han preparado los cocineros. Te arreglas con especial atención a los detalles. Llegas allí, y en lugar de cenar en quince minutos, como haces normalmente en tu día a día, te tomas una hora y media o dos horas en degustar cada parte del plato, el vino que lo acompaña, la música y todos los detalles del lugar. Te deleitas en la conversación y todo parece encajar.

Personalidades
sexuales
femeninas

4

La vergonzosa

SILVIA

Silvia es una chica de 32 años. Trabaja en una oficina y lleva a un grupo de doce personas a su cargo. En el trabajo se define como segura de sí misma y se define como una persona con mano dura. Discute cuando lo cree necesario pero saber cómo sacar adelante las situaciones. En su vida social es más bien tímida. Suele salir casi siempre con su pareja, Pedro.

Los fines de semana hacen algo juntos, aunque no son mucho de salir. O van a tomar un café a un bar cercano a su casa o quedan con algún amigo. Entre semana casi no se ven, no les queda tiempo después del trabajo y además llegan cansados. Silvia llega antes que Pedro y se queda tumbada en el sofá esperando. Cuando llegan a la consulta una de las cosas que me dice Pedro es que muchos de los días que llega a casa se encuentra con Silvia enfadada y no sabe por qué.

Silvia me describe una tarde de sábado, cuando sale con Pedro a tomar algo. A la hora de arreglarse ella tiene más tareas: la elección de ropa y maquillaje apropiado, una mezcla que diga: «soy discreta y comedida, pero quiero que esta noche, después de la cena, me beses apasionadamente y hagamos el amor como nunca». Pedro lo tiene más fácil, ducha, vaquero y elección de menos de un minuto de camiseta y afeitado. Para Silvia, la elección de ropa y maquillaje no suele ser una tarea de más de cinco minutos, pero hoy quiere que Pedro se motive sexualmente y tengan un encuentro como el que tantas veces ha visto en las películas, series y se ha imaginado. Es importante esto último, -se ha imaginado-, porque el sexo entre Silvia y Pedro nunca ha sido como el de Grey y su señorita. Han sido más bien tímidos y discretos, sin demasiadas palabras ni adornos. Durante sus 9 años de relación han tenido épocas en las que han hecho más el amor que otras, pero Silvia siempre ha esperado algo más. Ella tiene en su cabeza imágenes de un chico que la coge por detrás, le sujeta el pelo ligera pero firmemente y empieza a besarle por la nuca, girándole levemente la cabeza hacia un lado, con un leve tirón de pelo. Mientras, le desata los pantalones y le da un empujón que le lleva a quedarse boca abajo en la cama, expectante. Pero la verdad es, que entre ellos algo así no ha ocurrido nunca.

—Por fin estamos en casa—. Es la una de la madrugada, han bebido algunas copas de vino... Llega el momento de la verdad. Silvia espera que Pedro haya visto sus gestos de deseo, y su interés por ponerse una ropa y un maquillaje algo diferente al habitual. Está esperando que Pedro se acerque por detrás, como pasa en la mayoría de páginas de Grey, y como ha imaginado tantas veces, le agarre el pelo y comience con los besos apasionados. Pero no pasa. Ella no dice nada. Ve que Pedro se tumba en el sofá, enciende la tele, y se recuesta medio mareado por el vino. Silvia piensa en otra opción, —voy a sentarme a su lado a ver si se da cuenta—. ¡Sí! ¡Se ha dado cuenta! (Muchas de las veces que esto mismo pasaba Silvia acababa enfadada porque Pedro no se daba cuenta, aunque a veces las señales no eran demasiado claras, como en esta ocasión.)

Pedro se acerca despacio a la boca de Silvia, mirándola a los ojos con pasión, y le besa suavemente. Le sigue mirando, con esa mirada de admiración, deseo y felicidad que a ella tanto le gusta. Se van a la cama, se desnudan y empiezan los besos y las caricias. Alargan el momento de los besos hasta unos tres minutos después, momento en el que Pedro saca del cajón de la mesilla un preservativo. Silvia ya sabe que ha llegado el momento de la penetración. Ella todavía no se nota demasiado excitada, le estaban gustando mucho las caricias pero bueno, si ha llegado el momento habrá que pasar a la siguiente fase del sexo, si no, no sería sexo, ¿no?

La penetración dura unos minutos más, él se pone encima, como casi siempre y ella disfruta viéndole a él disfrutar, aunque esa postura a ella no le excita demasiado. Siguen besándose hasta que Pedro termina y se queda recostado al lado de ella. —De acuerdo, no ha sido como imaginaba, pero no ha estado mal, a él le ha gustado mucho, creo—. Ahora es el turno de Silvia, se pone encima de Pedro, se frota contra su tripa, mientras se besan, hasta que ella consigue un orgasmo y se duermen. Mañana es domingo.

Expectativas irreales de la pareja

¿Después de nueve años no hablan de sexo? ¿Por qué Silvia no le explica a Pedro eso que lleva pensando todo el día sobre su fantasía tipo Grey?

En primer lugar, una de las cosas que les pasa es que Silvia suele enfadarse con Pedro por muchas cosas. Ella habitualmente tiene expectativas poco realistas de lo que es su relación. Silvia está enfadada con Pedro porque dice que no sabe lo que ella realmente quiere. Ella ha leído libros y visto películas en las que el chico es muy apasionado pero Pedro no es así. A Pedro le gusta lo cotidiano, lo de todos los días. Esto no sólo le pasa a Silvia en el sexo, le pasa en muchas otras cosas.

Muchos de los días que llega a casa y espera a Pedro, tiene la expectativa de que él le va a proponer algún plan que le va a alegrar el día pero no suele ser así. Pedro llega cansado y lo único que le apetece es tumbarse un rato en el sofá y cuando percibe que Silvia lleva varios días enfadada le propone un plan, que suele ser salir al bar de debajo de su casa a tomar un café. Cosa que a Silvia le resulta repetitivo.

Creer que la pareja tiene que adivinar lo que queremos

Con el sexo le pasa lo mismo. Ella tiene fantasías que imagina con todo lujo de detalles pero le da mucha vergüenza contárselas. Sin embargo, tiene la creencia de que como Pedro la conoce desde hace nueve años, ya debería saber o intuir lo que ella quiere. Esta creencia es muy habitual en pareja. Pensamos que el otro es capaz de adivinar lo que pensamos y deseamos en cada momento pero normalmente nos equivocamos. Es verdad que la pareja nos puede conocer bastante y puede intuir cosas pero depende mucho de lo que digamos.

Si Silvia nunca le ha dicho que le gustaría vivir una sexualidad más apasionada o que le gustaría cambiar de plan de ocio entre semana, Pedro no tiene por qué saberlo. La pregunta que suelo hacer a mis pacientes en este punto del trabajo es: ¿Por qué tener expectativas tan buenas y esperar y esperar hasta ver que efectivamente tu pareja no lo cumple y entonces aprovechar para echárselo en cara? ¿Y ya de paso echar en cara las cosas que te has guardado y que no le has dicho? Pónselo fácil. Dile que esperas, se más concreto. Pedir las cosas que deseamos no les quita valor. Porque se lo hayas pedido no tiene menos esfuerzo por su parte, simplemente le estas señalando el camino por dónde a ti te gustaría que fuera. De la otra forma tu pareja va a oscuras todo el tiempo, intentando alcanzarte pero no tiene manera porque no ve nada.

Con las expectativas pasa lo mismo que con las fantasías. Si no las expresamos es muy poco probable que ocurran. Podemos tener la expectativa de que, como Silvia, cuando llegue la pareja nos propondrá el plan más interesante del mundo, pero de esa manera no estamos teniendo en cuenta a la otra persona. No estamos poniéndonos en su lugar. Además seguimos creyendo que tiene que saber o adivinar lo que queremos en cada momento. Esto nunca va a pasar. Así que mejor cambia tu la creencia y empieza a hacer peticiones.

Pide a tu pareja lo que quieres en la cama

La manera de hacer peticiones es una de las habilidades que trataremos en el capítulo que dedico a la comunicación y la asertividad. Las claves para que la petición tenga más probabilidades de funcionar es que la otra persona también tiene que decidir aceptarla. Hay claves para que tenga más probabilidades de funcionar.

1. Ten en cuenta que hacer una petición implica aceptar que puede ser no cumplida y que es mejor no utilizarla como arma arrojadiza. Si haces una petición y no es cumplida por el otro recuérdaselo, insiste, pero no lo utilices como arma de devolución negativa.

2. En las parejas funciona la ley de la reciprocidad o del dar y recibir. Siempre tiene que haber un equilibrio entre lo que damos y lo que recibimos, ya sea positivo o negativo. Es decir, si sólo damos reproches o malas palabras y hacemos una petición es probable que no se cumpla, hasta que la balanza esté equilibrada entre lo que hemos dado y lo que hemos recibido. También en lo negativo.

3. Cuando hagas una petición intenta ver previamente el grado de empatía hacia el otro. Cuando hablo de empatía hablo del verdadero ponerse en lugar del otro y entender que es posible que no quiera o no pueda responder a nuestra petición y que tiene sus propios deseos, inquietudes, cansancio, rencor, problemas, etc. Por ejemplo, en el caso de Silvia, cuando Pedro llega de trabajar, lo primero que le recomendaría es pensar en cómo debe estar Pedro. Los problemas a los que se ha enfrentado en el tra-

bajo, la energía que ha gastado y el atasco que ha sufrido hasta llegar a casa, cuatro horas más tarde que ella. La primera parte de la petición sería la empatía: «Pedro, veo que estás cansado después de todo el día trabajando y que probablemente tengas pocas ganas de hacer algo». Ok, esta es la primera parte. Con este proceso de empatía conseguimos que la otra persona se sienta entendida y tenga una mejor actitud hacia el que está haciendo la petición.

4. Cuando has empatizado con el otro ya puedes hacer tu petición. Recuerda que el otro tiene derecho a rechazarla y no por eso te quiere menos. La petición ha de ser concreta y específica evitando generalizaciones. Una generalización sería: «Pedro, me gustaría que hiciéramos más cosas». Él no tiene por qué saber cuándo ni cómo ni dónde. Concretando más sería: «Pedro, me gustaría ir esta tarde a un dar un paseo contigo». Esta última es más clara y así facilita más a Pedro el saber qué es exactamente lo que quiere Silvia. De esa manera, al ser algo más fácil y más alcanzable es más probable que él responda a la petición. Además, como previamente ella ha empatizado con él, de alguna manera eso es algo que le ha dado y ahora Pedro seguro que tiene más ganas de devolverle algo positivo y cumplir la petición. No lo asegura pero si aumenta las probabilidades de que pase. Fijaros que diferente la petición a lo que suele pasar cuando Pedro llega a casa después del trabajo y Silvia quiere salir. Normalmente ella espera a ver si él dice algo y al ver que se tumba en el sofá se enfada. «Seguro que hoy tampoco me propone nada, es un vago.» Cuando él le dice que si le ocurre algo, ella le contesta: «Pues que me va a pasar, que no hacemos nada y no te entiendo». El que se queda sin entender nada es él.

Tabúes sexuales

Volviendo a la sexualidad, a Silvia le da mucha vergüenza hablar de sexo. En su familia ha sido un tema del que no se ha hablado nunca, un tabú. No estaba ni bien ni mal, simplemente no estaba. Durante su adolescencia, Silvia, tampoco hablada mucho de sexo con nadie, en realidad bastante poco o nada. No era un tema que surgía con sus amigas del instituto y, después de eso, ya se daba por entendido que todas sabían de todo, alrededor de los 20 años. Por lo tanto, la idea que tiene en cuanto al sexo, sus expectativas, sus fantasías y sus técnicas, provienen de las películas y series que ha visto, de lo que socialmente se espera de la mujer hoy día, y de alguna inmersión en internet buscando en google: «aumentar deseo sexual mujer». Seguiremos hablando de Silvia en el capítulo del deseo sexual.

5

La liberada

IRENE Y VÍCTOR

Irene lleva con su pareja casi dos años. Desde que se divorció, hace unos ocho años, no había vuelto a tener pareja estable. Le había apetecido más estar con diferentes personas que le aportaban cosas diferentes y de los que ha aprendido mucho, sobre todo de sí misma.

Estuvo casada unos 15 años. Se unió a su marido siendo ella muy joven, con 17 años y en cuanto cumplió la mayoría de edad, decidió irse a vivir con él. La relación con su marido había sido algo complicada. Discutían habitualmente y los dos pasaron el límite de faltarse el respeto, con insultos, humillaciones y malos gestos. Esto le había enseñado que si volvía a tener pareja, respetaría mucho los límites de la comunicación esperando el momento para hablar de los asuntos que tuvieran, sin perder el control. En la sexualidad ambos habían sido bastante desinhibidos. Siempre habían conectado muy bien y los dos estaban satisfechos con esa parte de su relación. Al final de la relación, cuando ambos tenían ya con mucho rencor con el otro, no tenían tantos contactos sexuales y los que tenían ya no les satisfacían tanto. Ella supone que era debido a que no era capaz de separar ya los problemas del sexo. Muchas veces, cuando tenían una relación sexual, a ella le venían a la cabeza frases que él le había dicho y que le habían causado dolor, y eso le impedía seguir disfrutando de la relación sexual. Era como si se desconectara de él en ese mismo instante. Después de 15 años ella decidió poner fin a su relación porque había demasiados temas pendientes que arreglar y ninguno de los dos era ya capaz de sentarse a hablar con el otro. Además notaba que ya no era la persona que había conocido 16 años antes, que ambos habían cambiado, pero hacia caminos diferentes y ahora eran personas muy diferentes con un proyecto de vida muy divergente.

Durante los 8 años siguientes Irene disfrutó plenamente de su sexualidad. Siempre ha vivido su sexualidad como una prolongación de su propia libertad, dando rienda suelta a su imaginación. Irene es entusiasta, versátil, espontánea y a la vez el sufrimiento le atrapa en muchos momentos de su vida. Es actriz y siempre está buscando nuevas experiencias que le permitan seguir entusiasmándose con la vida y seguir notando que la vive con toda la intensidad que necesita. En estos 8 años, antes de conocer a su actual pareja, ha vivido muchas historias que le han ido descubriendo partes de ella misma con las que se siente más enriquecida. Asimila muy bien las vivencias y casi se las bebe quedando cautivada por las maravillas de la vida y sintiéndose muy agradecida.

Ahora lleva casi 2 años con Víctor. Con él la sexualidad y la relación han sido de mucha intensidad. Se conocieron porque trabajan juntos en una compañía de teatro desde hace varios años. Fue un día de ensayo, terminaron besándose apasionadamente, dando rienda suelta a la atracción que sentían el uno por el otro desde hacía meses. Fue una experiencia muy intensa porque ambos habían estado conteniéndose, temiendo que si iban más allá en su relación, podrían tener problemas en la compañía más adelante. De alguna manera ambos sabían que el trabajar juntos sería un problema.

Al principio la relación con Víctor era algo puntual que fluía muy bien. Cuando surgía un encuentro sexual, ambos se dejaban llevar por él, sin pretensiones. Intentaban no definir su relación en un tipo convencional, sino dejarse llevar por sus impulsos. Coincidían varias veces a la semana en los ensayos y los viernes y sábados en los bolos de la compañía. Cuando uno de los dos proponía hacer algo después del trabajo, si el otro estaba de acuerdo y le apetecía lo hacían y si no, no pasaba nada, cada uno hacía su vida. Ambos son personas que necesitan vivir la vida de una manera muy intensa. Por eso, cuando llevaban así dos o tres meses notaron que les faltaba algo en su relación, hablaron de ello y decidieron que ambos podían tener relación con otras personas también, que su relación no era de exclusividad.

Después de otros dos meses con este tipo de relación abierta, como ellos la definían, en la que cada uno podía quedar y tener relaciones con otras personas, Víctor se empezó a sentir muy celoso. En realidad le confesó a Irene que era algo que le había pasado con su anterior pareja, con la que había terminado también hacía tiempo ya, unos 6 años. No sabía por qué, pero sentía esta contradicción entre querer disfrutar de su libertad plenamente y tener una relación abierta y sentirse celoso de lo que Irene pudiera vivir con otras personas. Irene se agobiaba con los celos de Víctor, porque no entendía esta contradicción y porque no encontraba la manera de calmarle. Por más que intentaba ser totalmente clara con lo que hacía con otras personas, sentía que Víctor necesitaba cada vez más inmiscuirse en su privacidad. A veces Víctor se despertaba en medio de la noche y sentía la necesidad de coger el móvil de Irene y mirar todas las conversaciones que mantenía en las distintas redes sociales y chats con otras personas y como es de esperar, siempre encontraba algo que Irene no le había contado. No tanto de que tuviera relaciones con más personas de las que le contaba sino las conversaciones íntimas con esas personas. Pero los celos de Víctor hacían que fueran muchos los intentos por contar cada detalle sin conseguir que se le pasaran.

Aunque habían dicho que se lo iban a contar todo, él sentía que había cosas que no sabía y su imaginación le llevaba a pensar mucho en que ella pudiera estar engañándole, no contándole todo lo que hacía fuera de la relación. Como ambos vieron que les generaba malestar vivir constantemente padeciendo los celos de Víctor, decidieron cambiar las normas del juego. Ambos tenían claro que querían seguir experimentando con otras personas, así que decidieron que incluirían a otras personas en sus relaciones sexuales. De esta manera creían que se sentirían más seguros, porque ambos sabrían perfectamente todo lo que pasaba.

Y así seguían en la actualidad. Durante el último año habían tenido relaciones sexuales ellos dos solos y también habían compartido experiencias sexuales con otras personas o a veces con otras parejas. Los dos disfrutaban mucho con estas experiencias, porque sentían que seguían llenándose con nuevas vivencias, que les ayudaban a seguir creciendo personalmente. Pero a la vez, se sentían cada vez más conectados emocionalmente. En secreto, Víctor seguía sintiendo celos. Creía firmemente que Irene tenía alguna otra relación por su cuenta, sin contárselo. Justo cuando Irene sentía que su relación estaba afianzándose y que cada vez se comunicaban mejor y resolvían sus asuntos mejor, Víctor le confesó que unos meses antes había tenido dos relaciones con dos personas. Con una de ellas, que era una mujer, había quedado varias veces, habían tomado algún café y habían conversado durante bastante tiempo. También habían tenido varios encuentros sexuales. Ahora se estaban tomando un tiempo y Víctor le había planteado a Irene, que si seguían su relación, él necesitaba poder tener de nuevo relaciones unilaterales con otras personas. Irene estaba teniendo encuentros sexuales con otras personas. Durante este tiempo separados, no le contaba a Víctor estas relaciones y él volvía a sentir que los celos le inundaban y que hacían que necesitara preguntarle a Irene todo el tiempo con quién estaba. A la vez entendía de manera racional, que ella ahora no tenía por qué darle ninguna explicación.

Relaciones abiertas

En primer lugar quiero hablar del tema de las relaciones abiertas. Una relación abierta es un tipo de relación, que cada vez se da más, en la que se crea la norma implícita o explícita de que ambos miembros de la pareja pueden tener relaciones sexuales con otras personas. Esto es posible debido a que ahora gozamos de cierta libertad para vivir las relaciones sexuales y de pareja, aunque la mayoría nos acercamos más a la relación tradicional con otra persona. Las normas implícitas y explícitas son normas de funcionamiento que se generan en cualquier relación amorosa. Estas normas sirven para sentar las bases de la relación y hacer más predecible el comportamiento del otro y el propio. De esta manera nos sentimos más seguros.

Hay algunas normas que las parejas hablan al inicio de una relación, por ejemplo, la cantidad de veces que pueden salir con sus respectivos amigos o si pueden o no hacerlo. Éstas serían las normas explícitas. Y existen otro tipo de normas, que no se hablan, pero se crean a partir de las dinámicas de la pareja, que serían las normas implícitas. En el caso de Irene y Víctor las normas en cuanto a que la relación fuera abierta han ido cambiando a medida que han ido encontrándose con dificultades. En un primer momento deciden poder tener relaciones con otras personas pero se dan cuenta de que les genera celos y malestar. Entonces deciden cambiar y seguir teniendo relaciones con otras personas pero en conjunto y de esta manera les va bien hasta el momento en que se encuentran ahora, en el que uno de ellos, Víctor, ha roto la norma y ha tenido varias relaciones con otras personas.

Las normas pueden modificarse y, de hecho, es una buena señal, que la pareja sea flexible con las normas ya que ambos van cambiando con el tiempo y la relación de pareja también cambia, no es algo estático. Cuando alguno de los miembros no cumple una norma fundamental, como es la de la fidelidad y lealtad al otro, suelen surgir grietas que pueden desembocar en un reajuste de la pareja tras una crisis y en el final. Como vemos aquí la libertad sexual nos trae buenas pero también malas consecuencias y está bien pararse a reflexionar sobre las dos caras de esta moneda.

Los celos y el control

Otro de los problemas que tiene esta pareja son los celos. Los celos tienen principalmente cuatro componentes. El amor hacia una persona, el afán de posesión sobre ella, la fidelidad pactada (con el temor, justificado o no, a un rival) y el desprestigio social de la infidelidad. Estos componentes no llevan necesariamente a que una persona sienta celos de su pareja, pero si están presentes cuando se da un problema de este tipo. Además hay otros factores que pueden acentuar que una persona sienta celos, como por ejemplo, la inseguridad en uno mismo y la dependencia emocional hacia los demás.

No estar seguros de lo que valemos nos hace sentir más vulnerables a la opinión de los demás y por tanto más dependientes de los demás y de la pareja. El hecho de no saber dónde se encuentra nuestra pareja, la incertidumbre de pensar si nos dejará, si encontrará a otra o a otro y no saber cómo tolerar este tipo de sentimientos también influye.

A Víctor le pasa algo similar, que puede parecer contradictorio pero en realidad no lo es. Por un lado siente la inseguridad de que su pareja se pueda ir con otras personas. Pero en este caso es una inseguridad fundada ya que él mismo nunca ha podido ser fiel a una pareja y entiende que le pasará a todo el mundo. Para saber los motivos que le llevan a ser celoso hay que mirar la relación de sus padres. La relación que tienen nuestros padres entre ellos, no determina las nuestras pero tiene una gran influencia. En el caso de Víctor sus padres se habían separado siendo él muy pequeño y debido a una infidelidad del padre a la madre. Todos necesitamos ser leales a nuestros padres, a veces a costa de nuestra felicidad y esta es una posible hipótesis de los celos de Víctor. Él es leal a la madre si siente celos y controla a las mujeres y a la vez es leal al padre siendo infiel.

Restaurar el equilibrio

¿Qué ocurre entonces si hay una infidelidad en la pareja? Es importante restaurar el equilibrio. Como ya he comentado antes, las relaciones necesitan del equilibrio para sobrevivir. Equilibrio entre el dar y el tomar. Ya sea en lo negativo o en lo positivo. Cuando alguien nos da algo, por ejemplo, una pareja nos hace un regalo, nos hace reír o nos escucha, nos sentimos en deuda y tendemos a devolverle eso positivo que nos ha dado, e incluso le damos más. De eso se nutren las relaciones humanas. Cuando no damos, se acaba la relación.

En lo negativo ocurre lo mismo. Si nos dan algo negativo, como una infidelidad, sentimos que tenemos que devolver algo negativo. El peligro es perpetuar este intercambio negativo y entrar en una guerra. Para restaurar el equilibrio, cuando es en lo negativo, como en el caso de Víctor e Irene, es recomendable devolver algo negativo pero menos de lo que hemos recibido, para que el otro no sienta que después nos tiene que devolver también negativo y entremos en guerra. En realidad es difícil de traducir, es más bien una sensación que cada uno de nosotros tenemos en las relaciones. Sentimos con quién estamos en deuda y quién nos debe.

Irene estaba en proceso de restaurar el equilibrio pero lo estaba haciendo teniendo relaciones con varias personas así que probablemente, más adelante, Víctor sienta la necesidad de devolverle ese intercambio negativo y no resuelvan este conflicto satisfactoriamente.

6

La controladora

MARTA

Marta es una chica de 26 años, que lleva con su marido unos ocho años. Se casaron el verano pasado, después de siete años de noviazgo. Él es trece años mayor que ella, está a punto de cumplir cuarenta, se llama Javier. Marta siempre ha sido una chica muy racional y ordenada. Estudió la carrera de Empresariales mientras trabajaba en una tienda de ropa. Terminó la carrera en los años que correspondían, y se esforzó muchísimo por conseguir un empleo que le diera seguridad. Ahora trabaja en un banco, tiene un buen sueldo y ha conseguido muchas de las metas que se había propuesto en la adolescencia.

Cuando Marta llegó a la consulta, su demanda fue muy clara: no tenía deseo sexual y tampoco acababa de disfrutar durante las relaciones sexuales con su chico. Llevaba así bastante tiempo, ella creía que casi siempre le había pasado. Para Marta, Javier había sido el único chico con el que había tenido relaciones sexuales, su primer amor. Estaba muy bien con él, a todos los niveles, pero había algo en su cabeza que no le permitía desconectar del todo, o conectar del todo con ella misma durante el sexo. No sabía lo que era. Era como si su cabeza funcionara en permanente conexión con el mundo lógico, racional y normativo, pero cuando llegaba el momento de la pasión, nada cambiaba, ella seguía aplicando la misma manera de funcionar a la relación sexual, y no le funcionaba igual de bien que en el resto de su vida. A Marta se le pasaban muy a menudo por la cabeza pensamientos como: «Debería tener más ganas», «¿qué me pasa?», «¿ya no me gusta o soy yo la culpable?», «¿por qué no llego al orgasmo?».

Cuando Marta y yo nos conocimos, en la consulta, este tema le estaba preocupando mucho, porque todavía faltaban unos meses para su boda, pero se había propuesto el objetivo de solucionarlo antes de la boda. Para ella y para su pareja no era «normal» que Marta no tuviera apenas deseo, y tampoco que no disfrutara demasiado de las relaciones sexuales. No llegaba al orgasmo en casi ninguna relación. Recordaba que, en algún momento, sí que lo había conseguido, pero no era lo más habitual. Hacía tiempo que ya no pasaba.

Sexualidad y necesidad de control

Una de las primeras cosas que explico a mis pacientes, cuando acuden a mí con problemas sexuales, es que el sexo está en la cabeza, no en los genitales. El caso de Marta es un ejemplo de este tipo de personalidad sexual, que describiré como «la controladora», que puede bloquear la respuesta sexual en la mujer, debido justamente al control.

Primero voy a poneros en materia en cuanto a qué es el control, tal y como lo entendemos los psicólogos, ya que es imprescindible entender esto, para entender qué le pasaba a Marta.

El control, según la RAE es 1. m. Comprobación, inspección, fiscalización, intervención. 2. m. Dominio, mando, preponderancia. La necesidad de controlar nuestro mundo interno y externo es algo muy habitual en todos nosotros. Todos, en mayor o menor medida, necesitamos tener el mundo controlado y bajo algunas pautas de funcionamiento. Ya desde pequeños, empezamos a necesitar controlar el mundo externo, haciendo categorías con las cosas que tenemos. Si tenemos bebés cerca, podremos ver que empiezan a categorizar sus juguetes en grupos desde pequeños. En una herramienta que nos sirve para ir entendiendo el mundo de una manera alcanzable, ya que no seríamos capaces de analizar el mundo de nuestro alrededor, constantemente, objeto a objeto.

Marta tenía este sentido del control muy desarrollado, hasta el punto de que necesitaba controlar muy bien todo a su alrededor. Si no lo controlaba todo, se notaba nerviosa en seguida, con inquietud y agitación e incluso, cuando no podía con todo, se notaba malestar estomacal y alguna diarrea. Para evitar esta sensación tan desagradable, tenía las tareas pendientes anotadas en su agenda, que miraba habitualmente, hacía repasos mentales de las tareas que iba cumpliendo, lleva una detallada contabilidad en su casa, y de esta manera no se le solía escapar nada. Como trabajadora siempre había sido muy bien valorada, ya que estaba pendiente de los detalles y era, y sigue siendo, muy cumplidora. También controlaba mucho su manera de vestir, lo que debía decir cuando estaba en grupos sociales, cómo debía controlarse a sí misma para no gastar demasiado, para no engordar o para no molestar nunca a los demás.

Con el tiempo, Marta fue desarrollando esta habilidad de «control» de una forma muy eficaz. Controlar le traía consecuencias positivas en la mayoría de ámbitos de su vida. En el trabajo, casi siempre le ha ido bien, era ahorradora, nunca perdía sus cosas ni se le pasaba hacer alguna gestión importante y se sentía bien por todo ello. El problema fue que, poco a poco, el control se convirtió en una necesidad y no era capaz de desconectar en la cama.

¿Por qué necesitamos desconectar en la cama para poder disfrutar? Durante las relaciones sexuales entramos en un estado diferente al habitual, estamos menos pendientes del entorno, de las preocupaciones, poco a poco vamos entrando en un estado de relajación, en el que nos sentimos bien, y en el que vamos dejándonos llevar (si todo funciona bien). Hay días que puede costar más que otros conseguir este estado, y hay personas que nunca o casi nunca lo consiguen, como Marta y como muchos otros. Necesitamos dejarnos llevar para disfrutar del sexo y a veces no podemos, como se lo explico a mis pacientes, que creo que es una imagen fácil de entender y recordar.

La respuesta sexual humana funciona gracias a un sistema nervioso (tenemos varios sistemas nerviosos que se ocupan de diferentes respuestas del cuerpo), que lleva información desde los diferentes sentidos hasta el cerebro. Este sistema nervioso es incompatible con otras respuestas de nuestro organismo, como por ejemplo, la respuesta de preocupación y ansiedad (aquí podemos incluir al control). Si estamos utilizando uno de ellos el otro deja de funcionar y viceversa.

Imaginaos que volvemos a la prehistoria. Una pareja con tres hijos vive en una cueva. Por la tarde, cuando el padre sale a cazar y a recolectar comida, se encuentra con un tigre peligroso. Consigue huir, pero está preocupado porque el tigre pueda regresar por la noche y atacar a su familia. Durante esa noche, el padre, y seguramente la madre, están pendientes de vigilar la cueva para proteger a sus hijos. Están preocupados por si vuelve y los ataca. Es muy probable que su respuesta sexual «no funcione» porque están utilizando un mecanismo de control y preocupación, que no es compatible con la respuesta sexual, es decir, aunque intentaran tener una relación sexual, seguramente no podrían desconectar sus cabezas de la preocupación sobre el peligroso tigre, lo más probable es que no sientan deseo sexual en ese momento, ni sean capaces de excitarse aunque haya algún estímulo sexual. Esta incompatibilidad de ambos sistemas nerviosos nos ha ayudado a sobrevivir como especie, por eso es un mecanismo de defensa eficaz.

Ahora bien, si intentamos utilizar el tigre como imagen de nuestras propias preocupaciones, podremos entender que Marta no fuera capaz de desconectar, casi nunca, ese mecanismo de control y por tanto de conseguir «dejarse llevar» para poder disfrutar del sexo con su chico. Digamos que casi siempre tenía activado el modo control de su cerebro, lo tenía muy desarrollado. No había aprendido a desconectar durante las relaciones sexuales. Como os comenté antes, Marta sentía ansiedad cuando no tenía las cosas muy controladas a su alrededor y seguramente, esa dificultad provocaba que no pudiera desconectar en el momento que su cuerpo se lo pedía. Para Marta el tigre era la ansiedad y tenía que estar siempre pendiente de controlar para no sentirla.

Por supuesto, este no es el único factor por el que Marta tenía este problema, pero es uno de los más importantes. Es importante que las mujeres aprendamos a darnos permiso, para poder disfrutar de nuestra sexualidad plenamente y de una manera consciente. La sociedad todavía no nos ayuda del todo a vivir la sexualidad de manera saludable. Todavía no está bien visto que una mujer tenga deseo sexual, y mucho menos que lo diga (como sí lo está en los hombres), que se masturbe, que sea consciente de su sexualidad y la desarrolle con quién y cómo quiera o incluso que hable con sus amigas o su pareja de su deseo sexual o de las prácticas que lleva a cabo. Esto también le pasaba a Marta, sentía vergüenza al hablar de sexo y no sentía que tuviera derecho a tener una sexualidad satisfactoria. La falta de deseo sexual, en el caso de Marta, era una consecuencia de que no disfrutara demasiado del sexo y de que hasta ella misma se lo exigía para cumplir con su pareja. Es fundamental, para el deseo, ser alimentado de fantasías, de erotismo, de relaciones sexuales satisfactorias y de una buena imagen del sexo.

7

La erótica

LIDIA

Lidia es una mujer de 39 años. Está casada con Carlos desde hace 4 años. Se divorció de su anterior marido hace ya unos 9 años. Lidia y Carlos tienen dos hijos de 3 y 4 años. Siempre ha sido una mujer muy abierta y sociable con los demás. Es de las personas que en seguida llaman la atención por su simpatía y su manera cariñosa de tratar a la gente. A veces esta actitud le ha traído problemas con sus parejas, porque se han sentido celosos de su manera de relacionarse. Incluso a veces los celos han sido fundados, ya que el motivo de que terminase su anterior matrimonio fueron las infidelidades de ella.

En el sexo Lidia es muy sensual y le gusta variar. Desde las relaciones más comunes hasta otras más abiertas, como tener sexo en lugares públicos, hacer tríos o investigar más en el sexo tántrico. Necesita ir aprendiendo más y más del sexo. Ha probado muchas de las prácticas sexuales que conoce aunque nunca se cansa de leer libros sobre sexualidad y estar al día de las prácticas y juguetes sexuales que aparecen. Da rienda suelta a su imaginación y se permite investigar y descubrir, tanto de ella misma como de los demás, en las relaciones sexuales.

Es creativa e inquieta. Busca las novedades para no aburrirse y le gusta disfrutar y que disfruten contigo. En su vida también es creativa y trata de buscar siempre la novedad y de descubrir cosas nuevas. Se dedica al mundo del marketing y la moda, que está en constante movimiento y esto le atrae muchísimo. Nunca se cansa de los cambios en la moda y de que sea algo que cada temporada se reinventa aunque manteniendo algunas normas y límites, que le proporciona el marketing y las técnicas de venta. De alguna manera siempre tiene que inventar cómo vender los diferentes artículos a través de escaparates, pero es algo que le obliga a inventar cada poco tiempo una nueva manera, en función de diferentes factores.

Su anterior relación acabó porque la rutina se hizo demasiado presente en la relación. Cuando apareció, Lidia buscó en otras personas lo que ya no encontraba en su marido, sobre todo una sexualidad fructífera y enriquecedora. Ahora, con Carlos, mantiene la relación intentando poner de su parte para que la rutina no se establezca con ellos. Ambos saben que si dejan que entre, probablemente Lidia encontrará nuevas fuentes de motivación fuera de su matrimonio. Es algo que ya le pasó en su primer matrimonio y de lo que ella es muy consciente. De aquella relación aprendió algo muy importante de ella misma: no puede vivir sin crecimiento y sin sexualidad enriquecedora. Hay parejas que se mantienen o que son más capaces de tolerar la rutina que otras y hay parejas que trabajan más para evitarla que otras. Lidia no puede vivir sus esta parte de su vida y Carlos también lo sabe. Por este motivo ambos se esfuerzan mucho por mantener las motivaciones sociales y sexuales en la pareja. Intentan encontrar siempre tiempo que dedicarse a ellos. Desde que han tenido a sus dos hijos les resulta más difícil pero aun así hacen esfuerzos para mantener esta parte de sus vidas. Además cada uno, por separado, mantiene su parcela individual dedicando parte de su tiempo a actividades o personas que les aportan y les ayudan a seguir sintiéndose ellos mismos.

La rutina

La rutina es algo que tiende a aparecer en todas las parejas si no se hace algo para controlar o evitar que aparezca o para superarla una vez se ha instaurado en la relación. Cuando aparece, todo el mundo se vuelve más interesante, motivador y excitante que la propia pareja. Y la novedad siempre gana. Sobre todo si en la relación ya no se encuentra eso que compensa la decisión de no probar lo novedoso. Mi manera de ver la relación de pareja es más como una decisión diaria de seguir con la pareja, porque todo lo que me aporta es más importante de lo que sería vivir una nueva aventura de enamoramiento. En la nueva aventura todo está por descubrir y eso nos engancha y nos motiva. Por eso tiene que haber algo lo suficientemente importante como para no dejarnos llevar.

Lo mejor para trabajar la rutina es la prevención. Una vez que se ha establecido es más difícil volver hacia atrás. La tendencia hacia la rutina es la lógica en una relación de convivencia estable, ya que la fase de conquista está cumplida y ambos tienen la seguridad de que el otro seguirá ahí al día siguiente. La principal herramienta para evitar la rutina es conservar el interés.

¿Cuándo nos deja de interesar algo?

Cuando nos saturamos de ello. Si nos gusta mucho la lasaña pero nos pasamos un mes entero comiendo, a diario, lasaña, es muy probable que nos deje de gustar e incluso que nos provoque el efecto contrario. Para conseguir la no saturación con la pareja hay que introducir pequeños cambios de vez en cuando en las relaciones sexuales y tratar de tener sexo en cantidades moderadas. El deseo sexual es como una bolsa que se vacía cada vez que tienes una relación sexual. Se va llenando a medida que imaginas, te motivas o simplemente el cuerpo se recupera y tienes que aprovechar la bolsa en un buen momento que te aporte satisfacción. Aquí la imaginación es muy importante. Cada uno tiene que mantener vivas sus propias fantasías sexuales y no llevar a cabo algunas de ellas para mantener viva la imaginación sexual. Es necesario también no programar las relaciones sexuales. Sobre todo en el sexo haz todo lo que quieras pero no hagas nada que no te apetezca.

8

La sumisa

VERÓNICA

Verónica es periodista. Tiene 32 años y lleva 7 años trabajando en una editorial. Su trabajo no le entusiasma demasiado. Le encantaría dirigir un gabinete de comunicación. Pero es algo seguro que no le ocupa demasiado tiempo ni energía. Es una mujer bellísima que impacta cuando la ves por primera vez, de esas bellezas naturales y exóticas a la vez.

Ha estado saliendo con Mario 6 años. Llevan un año separados. Fue amor a primera vista aunque tardaron unos meses en empezar a salir desde que se conocieron, porque los dos preferían ir despacio y conocerse primero. Verónica había tenido varias parejas con las que no le había nada bien antes que Mario y no quería que esta fuera un nuevo fracaso. Mario, por su parte, esperaba el momento perfecto para dar el paso y notaba que Verónica estaba algo insegura. Prefirió esperar un tiempo durante el que quedaban de vez en cuando e iban conociéndose poco a poco. Ambos recuerdan esta época con una sensación muy bonita.

A Verónica le gusta mucho agradar a los demás. Es la típica persona con la que la mayoría de personas están a gusto porque no entra en conflictos con los otros y además intenta hacer sentir cómodos a todo el mundo. Es una compañera de trabajo y amiga ideal. Si tienes algún problema siempre va a estar ahí para ayudar y además no va a generar ella ningún conflicto. El problema viene cuando tiene que enfrentarse a algún problema con alguien necesariamente, porque estas situaciones le ponen muy nerviosa. Siempre ha intentado evitar los conflictos o intentar prevenirlos generando un buen clima con las personas de su entorno.

Con las parejas ha conseguido mantener este clima de tranquilidad cediendo. Es lógico que aparezcan conflictos con las personas, y más en pareja, pero ella no tolera este tipo de situaciones. Cede en la mayoría de cosas, dejando que el otro sea el que decida, el que dé los pasos y el que lidere la relación. Es una estrategia que le ha servido para enfrentarse al mínimo de situaciones conflictivas a lo largo de su vida.

Con Mario le pasaba exactamente lo mismo. Si, por ejemplo, discutían sobre dónde alquilar el piso en el que iban a vivir, a ella en seguida la parecía bien la opinión de Mario y se buscaban un piso en la zona que él había decidido. Si se iban de vacaciones, a ella le parecía perfecta la elección de Mario y a veces, incluso, parecía que la elección fuera suya. Para los demás esta situación suele ser cómoda, sobre todo si la pareja de la persona sumisa es más dominante y le gusta llevar las riendas de las decisiones. De hecho este tipo de parejas suelen encontrarse porque encajan bastante bien. Imaginaos lo que sería una relación entre dos personas dominantes o entre dos sumisas. En el primer caso ejercerían presión para obtener el control y el mando de la relación y tendrían muchas discusiones y en el segundo caso, nadie se haría cargo del timón de la relación y costaría mucho cualquier movimiento propio de una relación de pareja o incluso las decisiones más cotidianas.

Lo que le preocupaba más a Verónica de sus relaciones y también de la relación que había tenido con Mario era que no había conseguido nunca llegar al orgasmo durante la relación sexual. Sí que lo había conseguido mediante la masturbación, ella sola, pero nunca en pareja. Ahora que ya no estaba con Mario quería ponerle solución a este tema porque veía que probablemente le pasaría con sus próximas parejas. De hecho, ya le estaba pasando con los chicos que iba conociendo en este año que estaba soltera de nuevo.

Anorgasmia

La anorgasmia es la incapacidad de la mujer para llegar al orgasmo. Puede ser que a la mujer le haya pasado siempre o que de repente deje de tener orgasmos. En el caso de Verónica le había pasado desde siempre, nunca había conseguido tener un orgasmo en una relación sexual en pareja pero si ella sola, mediante la masturbación.

Los datos dicen que entre el 21€ y el 45% de las mujeres españolas sufren algún tipo de anorgasmia. Podría pasar también que después de un tiempo en el que sí hubiera conseguido tener orgasmos en pareja, dejara de tenerlos.

Hay muchas razones por las que una mujer puede no conseguir llegar al orgasmo durante la relación sexual en pareja. Algunas de estas causas son:

- Que la pareja no sepa estimular a la mujer.

- Que la mujer no diga (por miedo, vergüenza o tabúes) cómo le gusta que le estimulen.

- Por falta de autoconocimiento en la mujer de su propio cuerpo y de su sexualidad.

- Por mitos asociados a la sexualidad como podría ser pensar que el hombre debería saber cómo estimular a la mujer sin que ella le guíe.

- Que la mujer no consiga dejarse llevar durante la relación sexual. Esto es necesario para desconectar y permitir que la respuesta sexual natural del cuerpo funciones. Si tenemos alguna preocupación o miedo durante la relación es probable que no seamos capaces de dejarnos llevar.

- Que haya algún problema de pareja.

- Después del parto puede haber complicaciones funcionales que dificulten llegar al orgasmo.

- Tras algún suceso estresante en la vida, por ejemplo, tras un accidente de coche.

En el caso de Verónica, el hecho de que le pase cuando está en pareja y no sola, quiere decir que con las parejas, por algún motivo, se bloquea y no se permite dejarse llevar. Ella es de personalidad sumisa y siempre tiende a generar bienestar en los demás, es algo que Verónica ha trasladado también a sus relaciones sexuales. Desde el inicio de su sexualidad en pareja, siempre se esforzaba mucho por dar placer a su pareja, tanto que a veces se olvidaba de recibir placer.

Es importante aprender también a recibir placer. Aunque parezca algo que debe salir natural, para que pase, la persona debe permitirse tomar del otro. Esto implica ser algo egoísta también y equilibrar entre el dar y el tomar, también en la relación sexual. Pero si por algo, en este caso por creer que el placer del otro es más importante que el propio, no se permite tomar, es complicado que pueda llegar a disfrutar plenamente de la relación sexual. Para recibir placer también es importante pedir lo que a uno le gusta, con lo que disfruta y creer que uno tiene el derecho a pedir.

Verónica no pensaba que su placer fuera tan importante y se afanara siempre en los demás. Esta creencia y esta actitud, generó que no le diera importancia a no tener orgasmos en las relaciones sexuales en pareja. Sabía que podía tenerlos porque ella sola sí era capaz. Se conformó con esta situación durante mucho tiempo. Pero ahora ya no se conformaba. Sentía que le faltaba algo de lo que no disfrutaba en pareja y que le apetecía empezar a disfrutar.

¿La anorgasmia tiene solución?

Sí, se puede solucionar, pero requiere de un trabajo personal para superar los miedos, mitos y tabúes y una reeducación sexual.

Hoy día se conocen bien las causas de la anorgasmia. Además, le damos mucha más importancia al disfrute de la sexualidad en la mujeres de la que se le ha dado históricamente. Si la mujer que está sufriendo anorgasmia se pone en manos de un buen sexólogo y está motivada para solucionarlo, es muy probable que lo supere.

El primer paso para la solución es conocer el propio cuerpo. Explorarse con un espejo la zona genital y empezar a entrar en contacto con las sensaciones de la propia respuesta sexual para empezar un proceso de auto-conocimiento.

También hay que trabajar los mitos o tabúes que estén bloqueando la respuesta sexual (por ejemplo: el sexo es sucio, gemir es un acto impuro) y que suelen generar culpabilidad, en ideas más ajustadas a la realidad. En el caso de que la pareja tuviera problemas también habría que trabajarlos en el proceso.

A continuación te doy algunos consejos para prevenir la anorgasmia o para intentar solucionarlo por ti misma. Si necesitas ayuda, siempre puedes buscar un terapeuta sexólogo para acompañarte en el proceso.

- Dedica tiempo a masturbarte para encontrarte con tus propias sensaciones sexuales y conocer cómo te gustan las caricias y cómo responde tu cuerpo y tu orgasmo.

- Potencia tus zonas erógenas y pídele a tu pareja que las estimule. Es importante que empieces a decir lo que te gusta (hablo más sobre esto el capítulo sobre asertividad sexual).

- Amplía el tiempo que dedicas a los juegos preliminares. Dedícale más tiempo a las caricias, los besos y utiliza todos tus sentidos. Recuerda que la mujer necesita más tiempo, en general, que el hombre para excitarse. Date permiso para disfrutar de este tiempo e incluye caricias por más zonas del cuerpo. De esta manera conoccrás y descubrirás zonas erógenas nuevas y estimulantes.

- Practica sexo oral. La estimulación de la vulva por medio del sexo oral ayuda a estimular la zona del clítoris, que es la zona dónde las mujeres tenemos el mayor número de terminaciones nerviosas.

- Piensa en alguna fantasía sexual y recréate en ella. Esto lo puedes hacer en cualquier momento del día y te ayudará a estar más conectada con tu sexualidad.

- Haz los ejercicios de Kegel: entrena tus músculos pubococcigeos. Puedes aprender a hacerlos durante la micción (cuando vayas a orinar) parando varias veces y reteniéndolo. Los puedes hacer en cualquier momento del día y te ayudará a controlar más tu propia respuesta sexual.

- Estimula el clítoris durante la penetración con la mano o buscando posturas en las que el clítoris sea estimulado a tu gusto. Ten en cuenta que sin esta estimulación es muy difícil conseguir llegar a un orgasmo. (Puedes ampliar la información cuando leas el capítulo sobre el orgasmo.)

9

La insegura

ELENA

Cuando comenzó la terapia Elena tenía 25 años. Recuerdo su demanda principal: soy virgen a los 25 años y me siento muy insegura con los hombres, no sé ni quiero relacionarme con ellos, pero veo que tengo 25 años y que, por edad, ya me corresponde. Sé que es por algo pero no sé por qué. Creo que tengo algún miedo, a los hombres, las relaciones, las relaciones sexuales, o a todo.

Se sentía muy insegura en la relación con los hombres. También se sentía así con respecto a su cuerpo. Pasaba muchas horas revisando su cuerpo e intentando comprobar que estaba bien, que la ropa que había elegido era la correcta, que no se veía demasiado gorda y que iba perfectamente conjuntada para salir. Además, se criticaba constantemente por muchas cosas. Cada vez que pensaba que había hecho algo mal o que no había conseguido un objetivo se criticaba y esto le hacía sentirse mal y también en algún sentido, bien.

La autocrítica puede aportarnos algo cuando es constructiva y no destructiva. La realidad es que todo el mundo se critica en mayor o menor medida, pero no somos muy conscientes de esta costumbre. Es algo muy instaurado en nuestra sociedad. Para darse cuenta, es necesario hacer un proceso de aprendizaje en prestarle atención a nuestro diálogo interno. Todos vivimos amparados en ese diálogo con nosotros mismos. Es un proceso de atención para aprender a conocernos más y poder hacer algo diferente con aquellos asuntos que nos estén perjudicando mucho. Si quieres empezar con este proceso te recomiendo que sigas estos pasos:

1. Hazte con un cuaderno en blanco sólo para tus pensamientos. Llévalo siempre contigo.

2. Empieza a prestarle atención a tus pensamientos y apúntalos, tal y como aparecen en tu cabeza.

3. Toma nota durante unos días de aquellos pensamientos que aparezcan y que provoquen en ti alguna emoción. Puedes utilizar las emociones como alertas para mirar qué estás pensando en ese momento. No los anotes con ninguna intención, simplemente anótalos.

4. Revisa tus pensamientos y fíjate en los puntos comunes. Puedes ver si hay por ejemplo:

   a) Críticas: críticas a ti mismo, a cómo te comportas, cómo eres, etc.

   b) Generalizaciones: de un hecho puntual haces una montaña y lo ves todo negativo.

   c) Adivinación del pensamiento de los demás: crees saber lo que piensas los demás de ti y además normalmente es negativo.

   d) Adivinación del futuro de manera catastrofista: miras al futuro con temor de que vaya a pasar algún desastre.

   e) Etiquetas a ti mismo o a los demás: te pones etiquetas que te descalifican habitualmente.

f) Tienes muchos pensamientos que empiezan con esta palabra «debería». Ya sea del pasado «debería haber hecho tal cosa», del presente «debería callarme» o del futuro, «debería ser más segura».

5. Una vez revisado fíjate en cuáles de estos pensamientos se repiten más en tu cabeza e intenta racionalizarlos. Lo puedes hacer escribiendo en una columna los pensamientos y en la de al lado el pensamiento traducido a una forma más racional y realista. Por ejemplo:

Estoy muy gorda (etiqueta exagerada)	Me gustaría adelgazar pero tengo un cuerpo adecuado a mi altura y mi edad.
La vida me trata mal siempre (generalización)	Me ha salido mal este trabajo pero he conseguido muchos otros.
Debería haberlo hecho mejor.	Me gustaría mejorar pero creo que voy consiguiendo objetivos y quiero seguir así.

6. Los pensamientos desproporcionados que solemos tener nos provocan malestar emocional y no suelen adecuarse a la realidad. Si practicas habitualmente esta técnica, irás descubriendo más sobre ti y podrás ir aprendiendo a discutirte aquellas ideas que sueles tener, que no son realistas y que te están provocando malestar.

Elena se repetía mucho las etiquetas negativas que pensaba sobre ella misma y además de una manera muy fehaciente. Notaba un estado de ánimo muy abatido y mucha culpa pero no se daba cuenta de que constantemente se machacaba por todo. Con el tema de su inseguridad con los hombres y su virginidad también se hacía daño. Por un lado se sentía bien sintiéndose diferente a las chicas de su alrededor que tenían relaciones sexuales sin mucho sentido, por mera inercia social. Pero por otro se sentía rara, pensaba que ya era hora de acercarse más a los chicos pero no sabía cómo.

Los miedos que tenía Elena y que le debilitaban para conseguir sus objetivos tenían que ver sobre todo con lo que pensaran de ella los demás. Es verdad que a todos nos preocupa lo que piensen los demás de nosotros, pero la intensidad varía de unas personas a otras. A ella le preocupaba demasiado y esto le llegaba a bloquear para intimar con algún chico. Oportunidades no le faltaban, porque es una chica muy guapa, divertida y con personalidad. En ese momento tenía varios chicos pendientes de ella. Pero cuando alguno le proponía quedar para tomar algo, siempre inventaba alguna excusa y no iba.

De las relaciones sexuales lo que más temía era no saber qué hacer y que la vieran desnuda. Nunca nadie, aparte de su madre, le había visto desnuda y con los años había pensado más y más en esto, acabando por generarle cierta fobia.

Cuando algo nos da miedo, solemos darle muchas vueltas y podemos acabar enfrentándonos a ello o evitándolo. Son las dos posibles respuestas ante una situación nueva o temida. Si nos enfrentamos, parte del miedo se disipa, porque ya vemos qué ocurre y aprendemos cómo desenvolvernos en la situación. Pero si evitamos el asunto que tememos, el miedo suele aumentar. Esto es lo que le pasaba a Elena. Llevaba tanto tiempo imaginándose la situación de estar en la cama con un chico, que el miedo había crecido hasta bloquearle. Se imaginaba allí tumbada, sin saber qué hacer y se sentía mal. Se veía como alguien que no iba a saber hacer nada, que iba a parecer una niña, porque tenía 25 años y no había tenido relaciones y además a disgusto con su físico. La imaginación a veces es más fuerte que la realidad y si imaginamos algo, solemos acabar por creérnoslo, aunque no sea del todo verdad.

Cuando llevaba un tiempo trabajando estos miedos apareció Álvaro. Era un compañero de trabajo con el que se llevaba muy bien y tenía mucha confianza. Habían conversado durante horas en los ratos libres del trabajo y alguna vez habían salido juntos, con otros compañeros del trabajo. Con él se sentía tranquila, sentía que podía confiar y contarle sus secretos. Álvaro siempre tenía una buena palabra, un buen gesto o un consejo para Elena.

Hubo un momento en que se le pasó por la cabeza que Álvaro le podía gustar. Siempre hablaba con él de todo, le parecía guapo, notaba que a él le gustaba y se dijo: ¿Por qué no? Álvaro ya le había dicho en varias ocasiones que fueran a tomar un café ellos dos solos, sin otros compañeros de trabajo, pero Elena siempre declinaba sus invitaciones. Cuando Álvaro le proponía tomar un café, a ella le venían todo tipo de imágenes de ella desnudándose ante él y no sabiendo que hacer con él en la cama y esto le llevaba a decirle siempre que no. Hasta aquel día.

Se fueron a tomar un café y algo pasó. Ella noto algo más fuerte de lo que solía notar cuando estaba con él. Le gustaba de verdad este chico. Pero se seguía debatiendo entre sus miedos y un impulso que iba tomando fuerza de dejarse llevar y que pasara lo que tuviera que pasar. Estuvieron quedando durante un par de meses y siempre se lo pasaban muy bien. Iban al cine, hablaban durante horas, se reían y se iban contando cosas íntimas de sus vidas. Ambos se sentían cada vez más cerca del otro. Ya se habían besado muchas veces pero se quedaban ahí. Cuando Álvaro le invitaba a subir a su casa volvían las imágenes y Elena se inventaba cualquier excusa para volver a su casa corriendo.

Por supuesto no le había contado nada acerca de sus temores ni de su virginidad. Le daba tanto miedo lo que pudiera pensar de ella, que obviaba este tema, hacía como que no existía. Actuar de esta manera incrementaba más su miedo.

Se había imaginado mil veces cómo sería la primera vez con Álvaro. Pensaba que lo pasaría muy mal porque no sería capaz de quitarse de la cabeza sus preocupaciones y de desconectar. Y un día simplemente pasó. No fue nada del otro mundo pero tampoco pasaron todas aquellas cosas que Elena había imaginado. De hecho, se sintió cómoda durante todo el tiempo que estuvieron juntos y consiguió dejarse llevar. No sintió mucho placer sexual porque no tenía práctica y estaba algo nerviosa. Sin embargo, se sintió tranquila con Álvaro, sintió que habían conectado en otro nivel distinto, que habían dado un paso más en su relación. Y sobre todo, vio que no era para tanto. Que los miedos de los que llevaba preocupándose tantos años, se habían esfumado casi por completo. No lo había pasado tan mal como esperaba. Había sido capaz de desnudarse y se había sentido bien. Únicamente había sentido algo de vergüenza. También se dio cuenta de que la virginidad no era para tanto. Que esa palabra que tantos miedos le había suscitado, que tanto había pensado y que se había convertido en un tabú que temía profundamente, era poca cosa.

La virginidad

Se suele hablar de virginidad cuando una mujer o un hombre no han practicado la penetración o el coito. En la mujer tiene una connotación incluso de pureza y a veces hasta puede ser un valor añadido, que una mujer sea virgen. No es así para el hombre. El hombre virgen puede llegar a ser visto como algo raro y se valora más, en general, al hombre con experiencia sexual.

Existen muchos mitos o creencias asociadas a la virginidad y dependiendo de la cultura de la que hablemos hay muchas diferencias. Hay culturas en las que es imprescindible que la mujer llegue virgen al matrimonio y su virginidad se comprueba mediante una prueba física, como en la cultura gitana. Sin embargo, estas pruebas son fácilmente modificables y se pueden confundir. La comprobación de la virginidad, en estos casos, se hace mediante una prueba para ver si la chica tiene himen. Si al introducir un pañuelo en la vagina se mancha de sangre, significa que se ha roto el himen y que por tanto la chica era virgen.

El himen es una membrana que la mayoría de mujeres tienen en la entrada de la vagina. Digo la mayoría porque hay mujeres que no tienen himen desde el nacimiento. El himen tiene una abertura en el centro por dónde la mujer puede menstruar y que suele romperse en la primera relación sexual con penetración. Pero no siempre es así. Hay mujeres a las que se le rompe el himen realizando alguna actividad deportiva o incluso utilizando tampones o masturbándose. También hay casos en los que el himen es tan elástico o tiene una abertura más grande y la mujer llega a la sala de partos con el himen intacto.

Por otro lado, el hecho de que la pérdida de la virginidad esté asociada a la penetración es algo que nos indica también la cultura patriarcal que todavía impera socialmente. La penetración es el centro en las relaciones sexuales y como tal, se le da más importancia a esta práctica como iniciación a las relaciones sexuales. Sin embargo, si hablásemos de dos chicas lesbianas que se inician en la sexualidad, ¿cómo delimitaríamos su pérdida de la virginidad? Sería más complicado porque no habría coito tradicional. Por este motivo creo que la virginidad es un término cultural que hoy en día no nos dice mucho sobre la persona ni sobre su sexualidad, pero a la vez, lo mantenemos como un ritual social importante y como tal, es importante tenerlo en cuenta.

Personalidades sexuales masculinas

10

El atleta triunfador

PABLO

Pablo tiene 37 años y es un chico bastante atractivo. Es alto y tiene esa sonrisa pícara con la que sabe encandilar a las chicas. Va al gimnasio habitualmente y practica voley-playa en temporada de verano y fútbol en invierno, por lo que se mantiene en forma. Estuvo a punto de ser futbolista profesional en su época adolescente, iba muy bien encaminado en un importante equipo pero una lesión de rodilla le truncó ese sueño. Aun así siempre sigue persiguiendo sueños. Se siente deseable y tiene una alta autoestima porque casi siempre le ha ido bien en todas las facetas de la vida. Estudió administración y dirección de empresas y ahora dirige un importante hotel, además de dedicarse por su cuenta a desarrollar software informático para empresas, como *freelance*. Le importa mucho escalar socialmente y nunca se detiene en su empeño. En el trabajo empezó desde abajo pero siempre tuvo claro su objetivo de dirigir y ahora quiere ampliar miras, está pensando en montar su propia empresa. Siempre ha tenido mucha facilidad para adaptarse a las dificultades que han ido apareciendo. Cuando su hermano, por ejemplo, decidió marcharse a trabajar a Australia, él hizo lo que debía; le apoyó en todo e incluso le animó a pesar de la tristeza que sentía sólo de pensar que quizá ya siempre iba a estar separado de su hermano, con el que había sido como uña y carne. Es una persona muy pragmática y siempre está orientado a conseguir metas, es de estas personas que nunca se van a conformar con lo que tienen.

Como habéis ido leyendo en las personalidades femeninas, también en las masculinas la sexualidad es una prolongación de la propia personalidad. Pablo es un triunfador en la cama. Desde el colegio siempre destacaba por ligarse a las chicas más guapas de la clase. En el instituto buscaba también la popularidad, por lo que sus conquistas eran chicas que destacaban. Su vida amorosa ha sido de lo más variopinta. Pero siempre con un denominador común: el estar con una chica para él era una manera de tener más prestigio social. No sólo eso, por supuesto que se ha sentido enamorado de muchas de ellas, pero siempre ha buscado el estatus social en la pareja.

Cuando Pablo llegó a mi consulta estuvo algunas sesiones tratando de impresionarme con todos sus logros y, tengo que reconocer, que es fácil perderse en la bonita narrativa de un paciente (la narrativa es la historia que construimos con los hechos que hemos vivido para darle un sentido). Pero hay algo clave y muy lógico en la terapia: si alguien se sienta en la consulta probablemente le pase algo. Cuesta más o menos contarlo. Hay personas que desde el primer momento se centran en describir muy bien la problemática que les ha traído al psicólogo. Pero hay otras, como Pablo, para las que el hecho de explicitar sus problemas ya es paso muy complicado e incluso terapéutico. Entendiendo que es una persona para la que su imagen es primordial y pone mucha energía en mantener una buena imagen y ofrecérsela a los demás era difícil tomar contacto con el problema y explicarlo. Pero pronto comenzó a hablar.

Tenía dos problemas, uno sexual y otro de pareja. En realidad estaban muy relacionados pero él los planteó como dos problemas separados. Por un lado, hacía un año que había conocido a una chica que le encantaba, Patricia. Al principio le gustaba sin más. Como las demás. Era una chica muy guapa, como él, y exitosa. Se dedicaba al mundo de los recursos humanos, no llevaba mucho tiempo pero se le daba bastante bien. Se conocían desde hacía varios años. Habían coincidido con grupos de amigos comunes pero sólo eran amigos. Todo ese tiempo ella había tenido novio y él había estado con algunas chicas, más o menos tiempo. Nunca habían estado los dos libres hasta hacía un año. Entonces comenzaron una relación, sin nombre, muy intensa. De repente Pablo, de un día para otro, se había plantado en la ciudad de Patricia (ella ahora vivía en otra ciudad) y le había sorprendido con una visita. Así se describía, impulsivo, creativo y sorprendente. Patricia se había quedado alucinada al verle allí, plantado en su portal esperándola el viernes por la tarde. Pasaron un fin de semana espléndido de planes, cenas, paseos y sexo. Así llevaban ya un año, visitándose de vez en cuando y pasando días de lo más intensos.

Pablo me explicó toda la historia, cargada de los más precisos detalles hasta llegar al problema que le estaba preocupando y que le traía a terapia: Patricia le gustaba cada vez más pero él había puesto límites claros en su relación desde el principio, no quería ataduras y menos viviendo en diferentes ciudades. El problema era que ahora sentía una contradicción entre estar con ella (no sabía muy bien cómo) o seguir con las conquistas que le hacían sentir tan bien. Se estaba planteando que si estaba con ella como pareja, tendría que abandonar su faceta de conquistador, que tanto provecho le proporcionaba. Todo ese año ambos habían tenido sus historias con otras personas, era un pacto no hablado. Al inicio de cualquier relación se crean estos pactos o normas implícitas de funcionamiento que aunque no se digan, ambos miembros de la pareja conocen y respetan. El segundo problema que me comentó Pablo era que desde que había empezado a plantearse una relación de más compromiso con Patricia, cuando tenía relaciones sexuales con ella o con otras chicas perdía la erección. Él, que siempre se había descrito como alguien muy activo en la cama, que ponía todo de su parte, que decía saber muy bien cómo proporcionar placer a las chicas, ahora perdía la erección.

Esto dañaba bastante su amor propio. Según decía nunca se había sentido tan mal. Siempre había conseguido lo que se había propuesto y ahora, cada vez que estaba con una chica, se proponía enérgicamente tener una buena relación sexual, pero no lo conseguía. Utilizaba todas sus armas, preparaba la noche con una salida romántica, pensaba en algo para seducir a la chica, lo conseguía, se iban a casa y hasta ahí todo iba bien. Pero a partir de ahí empezaba a asaltarle la inseguridad y se ponía algo nervioso. Intentaba controlar sus nervios aparentando seguridad y calma y no se le daba mal. Pero por dentro estaba como un flan.

La personalidad atlética triunfadora tiene este peligro. A simple vista, parece una personalidad muy fuerte y exitosa. Y de hecho lo es. Pablo mantenía gran parte de su autoestima sobre sus logros y uno de ellos era el desempeño sexual. Tenía la certeza de que la mayoría de chicas, si no todas, disfrutaban muchísimo de una noche de sexo con él. Y seguramente así era, porque tenía muchas habilidades sexuales. Conocía bien el cuerpo de la mujer y sabía comunicarse con ella para guiarse en el camino. Se le daba bien. Igual que se le daban bien muchas otras cosas. El problema había venido cuando algo se escapaba de su control. Cuando de repente, algo fallaba y no le servían las herramientas que utilizaba para afrontar sus problemas habitualmente. Por eso el hecho de haber venido a terapia y haber pedido ayuda ya era un paso terapéutico para Pablo.

Reconocer que necesitaba ayuda significaba dejarse de sentir capaz de todo y esto le costó un tiempo, pero lo consiguió.

Lo que le había ocurrido a Pablo era que el hecho de sentir que quería cambiar el nivel de compromiso en la relación con Patricia, le había hecho sentirse inseguro. El motivo seguramente era que aquí también contaba la opinión de Patricia y aunque él veía que ella estaba bastante enamorada, también veía que era una chica independiente y que tenía una buena vida en su ciudad. Claro, el hecho de vivir en ciudades diferentes lo complicaba todo aún más. Pablo nunca se había sentido inseguro con las chicas. Siempre había tenido las riendas de sus relaciones amorosas. No conocía el terreno de la inseguridad. La primera vez que había perdido la erección había sido con Patricia y desde ahí le había pasado todas las veces que había tenido un contacto sexual en pareja, sólo no le pasaba.

La pérdida de erección o impotencia

La pérdida de la erección tiene, en la mayoría de casos, causas psicológicas. Los datos dicen que alrededor de un 10% de los hombres tienen este problema. Se considera un problema cuando pasa durante un tiempo, es decir, que pase un día no es ningún problema, sino más bien lo normal. Los hombres tampoco pueden estar siempre al cien por cien. Se sabe que la pérdida de erección es debido a la percepción de fallo de una relación sexual. Me explico. La mayoría de hombres, si no todos, en algún momento de sus vidas pierden la erección o no consiguen tenerla, es algo normal. Pero muchos de ellos tienen la expectativa de que perder la erección, aunque sólo sea una vez es peligroso. Les aparece en seguida en la mente la etiqueta impotencia o eyaculación precoz (son las disfunciones más habituales en los hombres). El hecho de que se convierta o no en una disfunción (que dure en el tiempo y genere malestar) depende mucho de cómo se asuma esa relación sexual «fallida». Si el hombre lo vive y lo asume como algo normal, que antes o después le iba a pasar y que le debe pasar a todo el mundo, es muy poco probable que se convierta en una disfunción. El problema viene cuando el hombre (por su aprendizaje cultural, las expectativas, valores, etc.) vive ese día «fallido» como un fallo personal. Como que algo no va bien en él. Esto, en el caso de Pablo, era debido a que sus expectativas sobre él mismo no daban lugar a un posible error. Él nunca se había planteado que esto le pudiera pasar, pensaba que les pasaba a los hombres más «flojos». Se considerada un hombre fuerte y potente sexualmente y su propia experiencia se lo había corroborado. Por eso el día que le paso se sintió débil y fracasado. Sintió que una parte de él se esfumaba, que ya nunca volvería a ser el mismo. Imaginaos la presión que puedes sentir en tu siguiente encuentro sexual, jugándote tu valía como hombre e incluso tu autoestima. Pone nervioso a cualquiera. Por supuesto a Pablo también. Su siguiente encuentro sexual, a pesar de intentar relajarse de mil maneras, fue diferente. Ya se notaba nervioso antes de la cita y no podía quitarse de la cabeza la idea de volver a fallar. ¿Y si le pasaba ya siempre? ¿Cómo iba a vivir con la idea de no poder tener una relación sexual como antes? Y efectivamente le volvía a pasar una y otra vez.

¿Cómo es que el nerviosismo bloquea la respuesta sexual si a veces Pablo no se sentía ni nervioso?

Cuando hablo de nerviosismo y cuando explico esto a un paciente lo que me suelen decir es que no se notan nerviosos, ni antes ni durante la relación sexual. El nerviosismo puede ser algo más sutil. La idea social del nerviosismo que tenemos es de alguien agitado, sudando, agobiado, con taquicardia y respirando de manera algo atropellada. Y esto también es nerviosismo. Pero se trata de la respuesta física del nerviosismo o de la ansiedad. La respuesta psicológica se suele traducir en ideas, pensamientos o imágenes en las que la persona se ve fallando. En el caso de Pablo, su nerviosismo era esa sensación de inseguridad y esa idea que tenía de que seguramente le volvería a pasar. ¿Y qué hace que unas cosas nos preocupen mucho y otras no? Pues la importancia que le demos, el conocimiento que tengamos del asunto y las habilidades o herramientas que percibimos que tenemos para afrontar ese asunto. Pablo pensaba que no tenía que haberle pasado esto a él, por lo que le dio mucha importancia. Además, al jugarse su autoestima con este fallo, eso convirtió el tema de la pérdida de la erección es una cuestión de valía personal. Eso significaba también perder más seguridad en sí mismo. Además como nunca le había pasado tampoco tenía las herramientas adecuadas para afrontar la situación. Esto es una cuestión de educación. Si no nos enseñan que esto nos puede pasar, es muy complicado que lo sepamos. Lo que se vende (películas, series, revistas, etc.) a los hombres es justamente lo contrario. Cuanta más capacidad tienen de no fallar en el sexo, mayor hombría. Hay una relación directa. Por supuesto no es así en todos los casos, pero en este caso y en muchos otros sí. Después de que pase todo esto, la expectativa de una relación sexual es algo estresante. Cambia de polo y se convierte en una experiencia negativa. Hay demasiado en juego. El miedo a que vuelva a ocurrir es el elemento esencial para que realmente vuelva a suceder. El miedo va creciendo a medida que pasa más y más veces y la expectativa se va confirmando, convirtiéndose en una idea con más peso cada vez que ocurre. Se convierte en un círculo. Con cada relación nueva aumenta el miedo y esto a su vez hace mucho más probable que vuelva a ocurrir, por lo que el círculo toma la forma de una espiral, convirtiéndose en un problema cada vez más grande y que ocupa más ámbitos de la vida de la persona que lo sufre.

Una de las causas de que este círculo se incremente es que vivimos en una sociedad que ha hecho una separación entre cuerpo y mente. Parece que el cuerpo tenga que funcionar por un lado y la mente por otro muy diferente. Y en realidad no es así. El cuerpo y la mente están totalmente unidos y forman un sistema con sus propias reglas. Si Pablo tiene miedo y siente ansiedad durante la relación sexual, ¿cómo va a conseguir su mente ese estado de placidez, relajación y placer que necesita para que su cuerpo responda a los estímulos sexuales que tiene delante? Cuando estamos preocupados o sentimos ansiedad el cuerpo se prepara para afrontar algún problema. Para eso sirve esta emoción. Nos prepara para dos posibles respuestas ante un peligro, el ataque o la huida. Dependiendo de la capacidad que tengamos de afrontar ese peligro, nos decantaremos por el ataque o por la huida. Esta respuesta humana nos ha permitido sobrevivir durante millones de años. Sin ella, seguramente nos habríamos enfrentado a animales más fuertes que nos habrían exterminado por completo (hablo de la prehistoria). En la actualidad también nos ayuda. Cuando vivimos situaciones que son peligrosas, como puede ser una situación a la que no nos hemos enfrentado antes o que tiene cierto grado de dificultad sobre lo que estamos acostumbrados a hacer y ya hacemos de forma automática, se pone en marcha el mecanismo de la ansiedad. Hasta cierto punto nos ayuda a tener más fuerza, a estar más atentos, más concentrados y potenciar nuestros recursos personales. Es verdad que cuando nos sobrepasa puede llegar a bloquearnos. Pero esta respuesta sana es incompatible con la respuesta sexual. Si nuestra mente y nuestro cuerpo está listo para pasar a la acción y enfrentar alguna situación difícil o huir de alguna peligrosa, no puede estar preparado para tener una relación sexual. Para tener una relación sexual cuerpo y mente entran en otro estado totalmente opuesto, de relax y desconexión mental. Esta es la causa de las disfunciones sexuales. Probablemente el primer día que ocurre sea por cansancio, porque la mente está preocupada con algún tema o por nerviosismo ante la propia situación sexual pero el que se convierta en una disfunción depende de que la relación sexual se convierta en el peligro.

Volviendo al caso de Pablo, la primera vez que pierde la erección con Patricia es precisamente porque está preocupado por un posible rechazo por parte de ella. No a nivel sexual. Al estar planteándose, por primera vez en su vida, tener una relación de compromiso con una chica, se siente más inseguro y vulnerable. Él me comentó que ese día tenía en la cabeza lo que quería decirle a Patricia, que llevaba días pensando en cómo expresarle sus sentimientos y que además tenía miedo de un posible rechazo. A partir de aquí cada relación sexual que tiene es una situación peligrosa para Pablo, porque se juega su hombría y su autoestima. Al vivir así el encuentro sexual con otra persona, se activan los mecanismos psicológicos y fisiológicos de la ansiedad, que son incompatibles con los de la respuesta sexual y en cada encuentro sexual con una chica, se bloquea la respuesta sexual y pierde la erección. Es por eso que a solas no le pasa. A solas no se juega nada y por tanto la ansiedad no aparece y la respuesta sexual funciona perfectamente. Es como si hubiera en nuestro cuerpo y nuestra mente un botón de desconexión del sexo en cuanto aparece algo peligroso o que genera ansiedad. Si lo pensamos bien, es un mecanismo perfecto para la supervivencia porque si la respuesta sexual prevaleciera sobre la de ansiedad, probablemente la especie estaría en vías de extinción. Este es un ejemplo que suelo poner a los pacientes y que creo que esclarece bastante esta idea. Imagínate al hombre que vivía en cuevas y cuyo objetivo era cuidar de sus hijos, cazar y recolectar para alimentarse y defenderse el entorno para sobrevivir. Ahora imagina que el hombre se cruza con un león mientras está recolectando fruta. Esto le provoca una respuesta de ansiedad que le hace huir ya que seguramente saldría perdiendo si se enfrentara. Cuando vuelva a su cueva es muy probable que este hombre no tenga una relación sexual porque está preocupado por defender a su familia. Si lo intenta es también muy probable que su cuerpo no responda. ¿Qué crees que pasaría si su cuerpo respondiera? Que se olvidaría del peligro y su familia tendría muchas posibilidades de convertirse en la cena del león. Los leones de ahora son nuestras propias preocupaciones: el trabajo, la familia, el dinero, los problemas matrimoniales, los hijos o el sentido de la vida.

11

El narcisista

Seguro que has oído esta palabra alguna vez, narcisista. La palabra proviene del mito griego de Narciso. Narciso era un joven muy bello del que todas las doncellas se enamoraban. Una de las jóvenes que se enamoró de él fue la ninfa Eco, que había sido condenada a repetir las últimas palabras de todo lo que le dijeran, razón por la que no podía expresarle a Narciso su amor. Un día, en el bosque, Narciso se quedó solo y gritó: «¿Hay alguien aquí?» Y Eco dijo: «Aquí, aquí» y Narciso le dijo: «¡Ven!». Y Eco se lanzó a sus brazos, siendo también rechazada por él. Ella se encerró para siempre en una cueva y sólo se oyó su voz. Como castigo Narciso fue castigado por Némesis, la diosa de la venganza, a que se enamorara del reflejo de su propia imagen y eso dejó a Narciso absorto mirándose, hasta que se lanzó al agua, porque no pudo soportarlo más.

El narcisismo es un rasgo de personalidad que consiste en estar muy pendiente de uno mismo dejando de lado muchas veces a los demás. Es un rasgo que puede estar más o menos presente en la persona, llegando a extremarse por ejemplo, en una persona que padezca un trastorno de personalidad narcisista. Creo que la televisión es un lugar dónde puede haber muchas personas con este tipo de personalidad narcisista, que les encanta ser vistos y admirados por los demás, pero no por sus logros, sino por ellos mismos. Les gusta mucho mostrarse y sólo su mejor parte, su parte más admirable. Su principal búsqueda en la vida es crearse una identidad personal y descubrirse a sí mismos, y en esto gastan la mayor parte de su energía.

ARTURO Y ELSA

Arturo ha sido siempre un hijo muy mimado por sus padres. Ya nació guapo y sus padres también lo eran así que era bastante probable que se repitiera la suerte. Se le veían maneras desde pequeño. Líder, creativo y simpático, a sus padres se les caía la baba. Cuando digo que ha sido un hijo muy mimado me refiero a que sus padres se han desvivido en darle todos los caprichos que ha querido y en potenciar todas las habilidades que veían en él. Ya en el instituto triunfaba entre sus compañeros. Era de los más altos y de los que más ligaban con las chicas más guapas. Siempre ha tenido mucha conciencia de él mismo, de quién era y de quién quería ser. Sus padres siempre se han dedicado al mundo de los negocios y no les ha ido nada mal, de hecho tenían un nivel de vida elevado.

Cuando Arturo conoció a Elsa, fue un flechazo. Los dos iban caminando con sus respectivos grupos de amigos por una calle oscura de Granada, de noche, y al verla tuvo que pararse a conversar con ella. Le impactó la belleza y la mirada de Elsa. Elsa también sintió algo especial en ese momento, pero pensaba que Arturo quería ligar con ellas y nada más, así que se lo tomaba todo a broma al principio. Estuvieron hablando un rato, en aquella calle, hasta que Arturo le propuso a Elsa que le diera su teléfono para poder verla al día siguiente. Ella se lo dio, pero nada convencida de que se volverían a ver, ya que Elsa estaba de fin de semana con sus amigas y tenían muchos sitios que visitar al día siguiente. Tampoco creía que aquel chico tan guapo estuviera de verdad interesado en ella.

Al día siguiente Elsa estuvo todo el día pendiente del teléfono en secreto, albergando la esperanza de recibir una llamada o un mensaje. Hasta que sonó el teléfono. Arturo vino a verla y estuvieron paseando unas horas por toda la ciudad, hablando de sus vidas, de sus inquietudes y de sus ilusiones. Él le dijo que sentía algo especial por ella, que nunca había sentido antes así, a primera vista, y que todo su mundo se estaba tambaleando. No entendía muy bien que le pasaba. Elsa le dijo que le había pasado algo parecido a lo que le había pasado a él. Se despidieron en la estación con un intenso y apasionado beso. A partir de este día, aunque ambos tenían pareja, empezaron una historia de amor clandestino muy intensa, cargada de emociones y vaivenes tormentosos. Arturo era un chico muy creativo, a veces le escribía una poesía a Elsa y a veces se escapaba de repente, cogía un tren e iba a verla unas horas. Se quedaban en la estación hasta que Arturo volvía a su ciudad. A veces tenían más tiempo e iban a un hotel, cerca de la estación, donde podían dar rienda suelta a su pasión.

¿Cómo es Arturo en el sexo? Pues en realidad el sexo es una prolongación de su personalidad melosa, pero sólo con él mismo. Es decir, hasta el momento en que comienza la relación sexual, él siempre está muy atento de Elsa, aunque en realidad todo lo que hace es con el fin de reafirmar su autoimagen y su personalidad. En el sexo es algo diferente. Se centra mucho en sí mismo y no presta mucha atención a lo que la otra persona siente o necesita. Con Elsa le pasaba algo parecido. Él tiene muchas habilidades sexuales, se nota, y es seguro de sí mismo en la cama, pero deja muy en segundo lugar las necesidades de ella. No le pregunta si le gusta, no le da muestras de cariño y palabras dulces, sino que se preocupa solamente por su propio disfrute. Esto hace que la relación sexual parezca perfecta, pero que en el fondo Elsa sienta que falta algo más de conexión entre los dos. Es como si en ese rato sólo estuvieran conectados físicamente pero que toda la conexión emocional se esfumara.

La personalidad narcisista masculina es muy atractiva para las mujeres. Como le pasaba a Narciso, gusta mucho. Son personas muy seguras de sí mismas, con mucha autoconfianza y con un mundo interior muy amplio. Siempre están buscando algo más, por lo que son personas que viajan, que leen, que les interesa el mundo en general y que tienen mucha curiosidad por aprender. Pero son algo peligrosas porque el narcisista está enamorado de sí mismo y es muy fiel consigo mismo. En la pareja es importante ceder para conseguir acuerdos comunes y equilibrio y para el narcisista sus intereses y sus principios son más importantes que los de los demás.

Todo lo que hacía Arturo durante las conquistas amorosas que había tenido a lo largo de su vida, en realidad era con el objetivo de ver esa cara de embelesadas que ponían las mujeres al mirarle, también Elsa. Para sentir esa mirada de admiración, amor y lejanía que en el fondo Elsa sentía. No es algo que él se propusiera sino una necesidad que siempre había tenido, era como si se nutriese del amor de las mujeres.

Solían conversar durante horas por teléfono, a altas horas de la madrugada, y Arturo le decía todos los sentimientos que le movían cuando la veía, cuando pensaba en ella o cuando se cruzaba por la calle con alguien que llevaba su perfume. Elsa estaba alucinada con tanta intensidad de sentimientos, se sentía abrumada pero muy enamorada de él, a veces sentía que iba a volverse loca. Ella nunca había conocido a una persona que fuera capaz de transformar la realidad en algo tan bonito, que describiese las cosas que vivían con tanta sensibilidad y de esa manera tan cargada de emociones y fantasía. Los dos seguían con sus parejas. Estuvieron así unos meses hasta que Elsa le contó a Arturo que iba a romper la relación con su novio. Llevaba mucho tiempo mal, mucho antes de conocer a

Arturo y creía que era hora de tomar una decisión. Y así lo hizo. Él no le dijo lo mismo. Pero Elsa pensaba que sí que rompería la relación y que ellos dos, como tantas veces había descrito Arturo, vivirían una realidad al fin. Tras un tiempo más de relación, Arturo un día le comentó a Elsa que tenía una gran ilusión desde hacía mucho tiempo. Ella pensó que era mudarse y vivir con ella. Pero no. Su gran ilusión era irse a vivir a Nueva York y empezar un proyecto profesional en el que llevaba tiempo trabajando y que veía más factible realizarlo en el extranjero. Elsa no entendía nada. ¿No estaba tan enamorado de ella? A las tres semanas de haber tenido esta conversación Arturo se fue y emprendió un nuevo capítulo de su vida en la ciudad de los rascacielos y Elsa se quedó destrozada, pensando qué había pasado para llegar a este desenlace.

Como podéis ver el narcisista puede ser peligroso para sus parejas, a la vez que muy atractivo. Suelen ser personas que se sienten movidas por muchas emociones y que tienen muchos intereses personales y profesionales. A nivel sexual se percibe mejor este individualismo porque en la sexualidad se muestran más claramente nuestros rasgos de personalidad. Por ejemplo, si una persona es muy tímida, puede ser que consiga disimularlo más o menos en su día a día, pero cuando tenga una relación sexual se va a reflejar más claramente esta timidez. Un narcisista busca su autoafirmación constante por lo que seguramente sea un buen amante en la cama, tenga muchos conocimientos y haya adquirido muchas habilidades sexuales. Pero esto no quiere decir que las mujeres disfruten más con él. Para las mujeres es importante sentirse conectadas con su pareja sexual y el narcisista va a estar más pendiente de sí mismo que de su pareja, por lo que va a ser más difícil que exista esta conexión. Aunque a veces, aunque la pareja sexual no haga nada, la sexualidad es más fuerte y se abre camino al vínculo emocional. Las mujeres, biológicamente, estamos más preparadas para sentir esta conexión emocional al tener relaciones sexuales y la solemos sentir pronto, antes que el hombre. Por eso nos es más complicado que a los hombres separar el sexo del amor. Aquí tiene mucho que ver nuestras diferencias biológicas. Si miramos al hombre y la mujer en su faceta biológica y nos comparamos con otros animales, podemos ver más parecidos que diferencias. Las madres son las que se ocupan de las crías en todos los mamíferos. Los padres se encargan de sustentar a la madre y a las crías trayendo comida o preparando el nido (en el caso de los pájaros). Las mujeres desarrollamos cada mes un único óvulo para un posible embarazo. Los hombres, sin embargo, generan millones de espermatozoides y además pueden ir generando semen sin límites. Las mujeres ya nacemos con los óvulos que tendremos para toda nuestra vida. Estos datos nos pueden dar pistas sobre nuestras diferencias a este nivel. Los hombres biológicamente están preparados para repartir sus espermatozoides por el mayor número de sitios, aumentado así las probabilidades de supervivencia de sus genes. Sin embargo, las mujeres estamos preparadas para cuidar a las crías y así intentar asegurar su supervivencia. Obviamente hay otros factores, sociales, familiares, culturales y psicológicos a tener en cuenta. Pero muchos de los comportamientos de hombres y mujeres se pueden entender mejor si tenemos en cuenta esta faceta biológica que también somos.

12

El tímido

AITOR

Aitor es tímido, introvertido o poco abierto, como diría él. Siempre le ha costado mucho relacionarse con los demás, pero solamente al principio. Después, cuando conoce más a la gente, se siente más tranquilo y deja salir su parte más graciosa, afable e interesante.

En realidad es un chico sencillo. Sencillo en su definición más sana. Una persona serena, tranquila, inteligente y capaz de resolver sus propios asuntos sin necesidad de sentirse superior a nadie ni de competir por ser el mejor. A veces esta necesidad de sentirnos lo contrario, especiales, surge del miedo a que pensarán los demás, del miedo a sentirse menos, del orgullo o de la envidia.

Cuando digo que la timidez es a primera vista, tiene mucho que ver también con la sencillez de Aitor. Él siente una tranquilidad interior que le invita a escuchar a los demás y a no sentir que tiene que posicionarse por encima de los demás, para sentirse mejor. Al contrario, siempre busca sacar lo mejor de las personas con las que convive. Ya sea en la pareja, en el trabajo o con su grupo de amigos. Pero a primera vista nunca es la persona que mejor cae, ni el más gracioso ni el que más gusta a las chicas. Es como el buen vino, hay que degustarlo poco a poco para empaparse de todos sus matices. Cuando le interesa alguien y quiere entablar una relación, lo más importante para él es la confianza. Le gusta establecer relaciones permanentes y de arraigo con los demás, aunque sea con menos gente.

Cuando conoció a Lucía, hace dos años, le pasó algo parecido. Ella, a primera vista no sintió nada especial por él, le pareció un chico serio y formal, eso sí. A él, Lucía le pareció una mujer guapa, pero nada más. Incluso hubo algún momento en que pensó que era una persona algo insoportable. En ese momento ninguno de los dos sentía la necesidad de tener pareja y quizá eso fue una de las cosas que los unió.

Comenzaron a quedar y poco a poco fue surgiendo eso que llamamos amor romántico. Tardaron tiempo en darse el primer beso y en tener su primer encuentro sexual. Fue algo especial, romántico y lleno de detalles. Se deleitaron en abrazos, caricias, besos y fueron conociendo sus cuerpos poco a poco, disfrutando de cada parte. Después han tenido sexo más tierno, más rápido y más intenso. Ambos disfrutan mucho de su sexualidad.

A diferencia de lo que se pueda pensar, los tímidos pueden ser muy buenos amantes porque desarrollan todas sus habilidades en las distancias cortas, en la intimidad. Ahí dan lo mejor de sí mismos. Además hay que tener en cuenta que son personas con cierta sensibilidad, personas en las que generalmente se puede confiar, por lo que pueden convertirse en grandes amantes. Las mujeres se sienten bien en un entorno confiable y es más probable que puedan expresar lo que realmente les apetece hacer en la cama. Como para casi todo, hay gustos de todo tipo y no se puede generalizar, pero hay muchas cosas que tenemos las mujeres en común. Una de ellas es que (a la mayoría) les cuesta decir lo que realmente quieren en la cama.

También es cierto que si un hombre es muy tímido, puede llegar a bloquearse para conocer a gente. En lugar de sentirse seguros, probablemente sientan una gran inseguridad sobre sí mismos, y tengan miedo a no encajar con los demás. Las relaciones de pareja funcionan como una lupa que amplía todos nuestros miedos y también todas nuestras virtudes. Si el miedo es a comenzar una relación, por la posibilidad de no gustar, por ejemplo, puede ser muy complicado llegar a vincularse con otra persona. La ansiedad que provoca este miedo puede ser tan alta que llegue a bloquear a la persona que lo siente.

Si Aitor no hubiera desarrollado sus habilidades sociales para relacionarse con los demás y fuera más inseguro es probable que le costase más desenvolverse socialmente. La timidez puede ser un arma de doble filo si no se aprende a manejar a favor de uno mismo. En el caso de un hombre más inseguro puede llegar a provocar un bloqueo que impida las relaciones con los demás.

Fobia social y sexualidad

Recuerdo a Fran, un hombre que llegó a mi consulta hace tiempo y que tenía este problema. Era tímido, pero hasta el punto en el que casi no podía relacionarse con personas desconocidas. Le costaba ir a una tienda a comprar, llamar por teléfono para solucionar cualquier incidencia con los suministros, ir al banco, hablar con los compañeros de trabajo. Su círculo social se había reducido a su pareja, sus padres, su hermana y dos amigos de toda la vida. Su familia y amigos vivían en otra ciudad, así que se relacionaba con muy pocas personas.

Relacionarnos con la gente es una necesidad que todos tenemos en mayor o menor medida. Digamos que a la mayoría de seres humanos les hacen falta otros seres humanos para sobrevivir. Nos ayudan, nos aportan, aprendemos de los demás, nos dan seguridad, las personas con las que nos relacionamos se convierten en reflejo de nosotros mismos y fuente de aprendizaje.

Este caso se trataba de un problema psicológico que los psicólogos llamamos fobia social. La fobia social es el miedo intenso y desproporcionado a las situaciones sociales. Es tal la ansiedad que la persona siente ante cualquier tipo de situación social, que se bloquea y huye. La ansiedad es una respuesta emocional ante un posible peligro que todos sentimos y hemos sentido. Nos pone atentos a la situación temida y tiene una función. Cuando sentimos ansiedad ante un estímulo determinado el cerebro evalúa nuestra capacidad de afrontar ese estímulo. Si percibimos que no podemos afrontarlo porque no tenemos herramientas suficientes o válidas huiremos. Si por el contrario, nos sentimos más seguros tenderemos a afrontarlo.

Con el tiempo se enfrenta cada vez a menos situaciones y a la vez el miedo se va incrementando. Así funcionan los miedos. Si huimos de ellos nos persiguen para siempre. Además, al huir, los llevamos detrás constantemente, molestándonos en nuestro día a día y enturbiando cualquier cosa que hacemos. Los miedos se hacen más grandes cuanto menos los miramos. Metafóricamente necesitan ser mirados, y cuando no los miramos crecen y se convierten en más peligrosos y feos para nosotros.

Fran tenía fobia social. En la relación con las mujeres tenía un problema: no se atrevía a acercarse a ellas. Era tal el miedo que sentía cuando se acercaba que le temblaban las manos, sudaba, se ponía rojo y no sabía qué decir ni qué hacer. Cuando llegaba a ligar con alguna chica (hecho que normalmente pasaba por beber alcohol para desinhibirse) temía profundamente el encuentro sexual. Le solía pasar que estaba tan nervioso que no era capaz de soltarse y disfrutar. Estaba más pendiente de sí mismo que de la chica con la que estaba. Estaba pendiente de cómo le vería ella, de si pensaría que estaba gordo, que tenía demasiado pelo en el cuerpo, de si notaría que estaba sudando y nervioso o de si sería capaz de proporcionarle placer.

Lo que solía ocurrirle muchas veces, es que a mitad de la relación sexual, no sabía por qué, aparecía en su cabeza algún pensamiento relacionado con esta preocupación y no era capaz de quitárselo de la cabeza y volverse a concentrar en lo que estaba haciendo. Perdía la erección, se agobiaba aún más y para rematarle, las chicas pensaban que no le gustaban a él. Es bastante común este tipo de interpretación cuando ocurre la pérdida de erección en una relación sexual. Nadie puede leer el pensamiento de los demás y a los hombres les cuesta mucho también saber por qué les ha pasado y hablar de ello, así que la mayoría de veces no se habla y la chica suele pensar que no gustaba demasiado y que por eso ha ocurrido.

En el momento que le conocí en terapia no tenía pareja, se había separado hacía un tiempo aunque seguía enganchado a su exnovia. Era de las pocas personas con las que no sentía estas sensaciones desagradables de ansiedad. Por eso, aunque ya no sentía nada romántico hacia ella y su relación no había funcionado, sentía que seguía necesitando mucho de ella.

Le acompañe en un proceso de superación de sus miedos más temidos. Es complicado superar los miedos pero se puede. Él hizo un gran esfuerzo por enfrentarse poco a poco a todas aquellas situaciones que durante tanto tiempo habían sido evitadas inconscientemente. Le costaba mucho porque la ansiedad y el miedo estaban ahí, acompañándole en cada una de sus actuaciones y tenía que sobrellevarlo. Existen técnicas que se pueden aprender para manejar mejor este tipo de situaciones pero lo fundamental es la valentía de la persona para enfrentar los miedos. El proceso también conlleva una gran satisfacción al ver que uno es capaz de afrontar lo temido, que es valiente y que puede con sus asuntos, aunque después no salgan tan bien como espera, o sí.

Superar los miedos

* Sea lo que sea, el miedo normalmente es más grande que el asunto real. Las cosas que imaginamos, solemos pensarlas de una manera más catastrófica de lo que realmente son.

- Apunta tus miedos en una libreta, de esa manera los verás más claros y empezarás a mirarlos más de cerca.

- No creas que verlos te hará temerlos más, seguramente será al contrario.

- Haz un listado de los miedos de mayor a menor intensidad. Puedes ponerle una nota del 1 al 10 valorando el nivel de ansiedad que crees que te provocaría enfrentarte a ellos.

- Empieza a vivir la ansiedad como una emoción más, que es lo que realmente es. La ansiedad tiene muchas connotaciones negativas socialmente, porque suele estar asociado a la necesidad de tratamiento psicológico y médico. Es verdad que en sus niveles más elevados puede requerir tratamiento, pero no deja de ser una emoción. Cuanto más aprendamos a vivirla como tal, mejor estaremos cuando aparezca.

- Proponte enfrentarte a los miedos que tienen menor puntuación, los que te sean más fáciles. Si necesitan el acompañamiento de una terapeuta permítete pedir ayuda porque como siempre digo «no hay que estar loco para ir al psicólogo». Los psicólogos ayudamos en este tipo de procesos. Para acompañar en los momentos difíciles de la vida, aportando, por ejemplo, herramientas para afrontar los miedos. Si puedes afrontarlos, irás notando como tu seguridad y tu autoestima aumentan considerablemente. Puede que te cueste varios intentos hacerlo, pero mantente firme y lo conseguirás.

- Ponle una nota de 1 a 10 cada vez que intentes afrontar un miedo y después compáralo con la nota que le pusiste antes de enfrentarte. Ahí verás la diferencia entre lo que creías y la realidad y cómo cada vez que nos enfrentamos a algo temido, vamos sintiendo menos ansiedad y por tanto, menos miedo.

13

El sumiso

Ser sumiso versus la sumisión sexual

La sumisión es un término muy asociado a las mujeres porque, en general, asumen más este rol que los hombres. Pero también hay hombres sumisos, sí. Ser sumiso significa ser obediente, dócil o subyugado. Hay que mirar este concepto como un continuo con diferentes intensidades de tono. Puede ir desde la sumisión que uno asume en algunas ocasiones pero que no forma parte de su respuesta más frecuente, hasta la sumisión a todos los demás, incluso dejando a un lado los propios intereses y deseos. Obviamente esta segunda puede resultar más problemática en la vida y en el sexo.

También existe la sumisión como práctica sexual. Consiste en una serie de técnicas y comportamientos que implican que una persona domina y otra es dominada. Para llevar a cabo la dominación-sumisión se explicitan una serie de normas que ambos deben cumplir, poniendo límites a lo que se puede y lo que no se puede hacer, ya que una vez asumidos los roles, el sumiso debe obedecer al dominante. El hecho de adoptar el rol de sumiso o de dominante ya implica placer sexual para las personas que lo llevan a cabo. La sumisión y la dominación son prácticas sexuales que se enmarcan en lo que se denomina con las siglas BDSM, muy de moda a partir de los libros de Grey. El

BDSM engloba prácticas como el bondage (atarse), disciplina y dominación (látigos), sumisión y sadismo (dolor físico) y masoquismo (ser dominado-maltratado para obtener placer sexual). Hablaré un poco más del BDSM en el capítulo dedicado a fetiches y prácticas no convencionales.

MARCOS Y CLARA

Marcos es un hombre de 45 años. Lleva casado 15 años con su mujer. Durante toda su vida le ha ocurrido algo similar con sus amigos, parejas y compañeros de trabajo, siente que les da mucho y que ellos no le devuelven todo lo que deberían devolverle. Se ha planteado ir más a la suya y no hacer tanto por los demás pero nunca lo consigue. Siempre le invade una enorme sensación de culpabilidad que no le deja vivir y tiene que volver a lo que siempre ha hecho. En el trabajo siempre llega el primero y está disponible para las peticiones de los demás, además instantáneamente. Esto tiene para él dos consecuencias, una positiva y otra negativa. La positiva es que es muy bien valorado por todo el mundo y como él dice «se siente muy querido» y la mala es que para estar disponible a las peticiones de los demás se carga demasiado de trabajo, incluso no pudiendo cumplir, en algunas ocasiones, el suyo propio. Cuando esto le ocurre se lo lleva a casa para terminarlo.

Con sus amigos también. Él se encarga de organizar las cenas y los fines de semana, de comprar los suministros, de intentar que la mayor parte de ellos puedan acudir e incluso de solucionar los problemas que han ido surgiendo entre ellos durante los más de 20 años de amistad que les unen. Son amigos desde la universidad.

Con su mujer, Clara, también ha sido siempre así. Cede en la mayor parte de las decisiones y agacha la cabeza cuando ella se enfada porque no ha hecho las cosas bien, o de la manera que a ella le parece que están bien. En el fondo de su ser sí que siente que hay algo que no funciona bien, pero no sabe que es. Lo nota sobre todo en que muchas veces siente rabia y no identifica ninguna situación que haya ocurrido recientemente como desencadenante, así que está empezando a pensar que la rabia está en su interior y es debido a algo que tiene que ver con él mismo.

En el sexo con Clara siempre ha sido ella la que ha llevado la voz cantante. Al principio, como la mayoría de parejas, sentían mucha pasión y daban rienda suelta a su sexualidad muy a menudo. Ambos han sido más de sexo tradicional. No han sentido la curiosidad de probar situaciones, juguetes o prácticas más allá de las dos o tres posturas que normalmente practican. A veces con una es suficiente. Desde que tuvieron a sus dos hijos, han disminuido la frecuencia de encuentros sexuales. Es normal, no tienen tiempo para nada y cuando se encuentran están muy cansados después de todo el día de trabajo, colegio, deberes, cenas, baños y demás tareas domésticas.

Hace dos años Marcos empezó a sentirse presionado con Clara en el sexo. Él siempre ha tenido menos deseo que Clara o más bien, un deseo menos frecuente. Es decir, le apetece menos veces tener sexo con Clara de las veces que le apetece a Clara. A los dos les parece raro que sea el hombre el que tenga menos ganas de tener relaciones sexuales, ya que se suele pensar que los hombres, por naturaleza, tienen más deseo sexual que las mujeres. Ellos también tienen esta creencia, Marcos cree que debería tener más ganas de tener sexo con Clara y por su parte, Clara cree exactamente lo mismo. Esto les ha generado discusiones frecuentes. Cuando llevan más de una semana sin tener sexo, Clara empieza a decirle indirectas a Marcos del estilo de «aquí ya no hay pasión», «ya no te gusto, soy mayor», «los maridos de mis amigas las tienen muy contentas», que cada vez cobran un tono más dañino. Marcos se calla e intenta no sacar el tema, aunque por dentro no deja de darle vueltas. Lleva tiempo planteándose que realmente es un hombre raro, ya que no tiene las mismas ganas que sus congéneres de tener sexo con su mujer.

Hace dos años, en una de esas semanas que oía indirectas y se sentía agobiado, se dijo a sí mismo: «voy a hacer algo con esto, voy a solucionarlo, me voy a obligar a tener relaciones sexuales más a menudo y una vez me ponga todo irá bien, tendré más ganas». Así lo hizo. Se mentalizó que iba a tener sexo con su mujer y además de muy buena calidad, y que iba a satisfacerla mucho más a menudo. En el fondo tenía algo de miedo a que no saliera bien porque sabía que si este intento de solución no funcionaba, su relación corría peligro. Clara ya se lo había dicho varias veces, «o lo arreglas, o se acabará porque me terminaré cansando».

Pero ocurrió algo diferente a lo que ocurría normalmente. Empezó la relación sexual con Clara y se notó tenso, algo nervioso, seguramente por cumplir con ella y solucionar el problema que tanto le preocupaba. Notó que no acababa de estar cómodo y que su cabeza estaba demasiado activa para lo que normalmente estaba cuando tenía relaciones sexuales. Solía notar siempre una desconexión del mundo exterior durante ese rato, pero en este momento no era capaz de desconectar, y cuanto más lo intentaba menos lo conseguía. Ocurrió lo que temían ambos, Marcos perdió la erección. Intentó retomar la relación volviendo a besar a Clara, tocarla e incluso le pidió a Clara que le practicara sexo oral, pero él seguía preocupado y no funcionaba, seguía sin erección. Se había confirmado uno de sus miedos más temidos: tenía un problema sexual y grave. Además de no tener casi nunca ganas, ¡ahora tampoco iba a poder tener relaciones sexuales cuando le apeteciera!

A partir de este momento todo ha cambiado para Marcos y también para Clara. Él no para de darle vueltas al tema, pensando que seguramente le siga pasando y sin entender por qué, queriendo tener relaciones sexuales con su mujer, no puede. La mayor parte de los intentos le vuelve a ocurrir lo mismo, empieza los preliminares (besos, caricias, etc.) y sin saber por qué, de repente pierde la erección y aparecen la frustración y la culpa, además de una posible discusión. Algunas veces todo va bien, tienen un encuentro sexual como los de antes. Ambos se sienten cómodos y vuelven a conectar. Están cómodos con los juegos que llevan a cabo y con la culminación de la relación, normalmente ambos tienen orgasmos y se quedan satisfechos. Marcos no entiende por qué unas veces va bien y otras no y a Clara le desespera aún más, porque cuando va bien tiende a pensar que ya está solucionado, pero siempre vuelve a ocurrir.

Las discusiones se han vuelto más frecuentes. Clara ha vuelto a platear en varias ocasiones, que si Marcos no busca una solución, se terminará su matrimonio. Cuando discuten, Clara se pone muy nerviosa y muchas veces grita, llegando a amenazar a Marcos con irse de casa si el sexo no vuelve a funcionar. Marcos se siente culpable, cree firmemente que es sólo su responsabilidad pero no sabe qué hacer para solucionarlo. Su último intentó de solución empeoró aún más la situación. Se planteó tener más relaciones sexuales y resultó que esto le ha generado un bloqueo sexual peor del que ya creía tener y del que no sabe salir.

Consecuencias de la sumisión en pareja

Como habéis visto, Marcos es una persona muy sumisa. Las personas sumisas suelen ser muy agradables para las personas de su entorno, porque permiten a los demás expresar sus opiniones y quedar por encima de ellos en muchas ocasiones, y esto le gusta a mucha gente. Además Marcos es muy detallista. Siempre está atento a los aniversarios, cumpleaños, días especiales y suele encargarse de montar celebraciones, fines de semana y cenar con sus amigos y con la familia. Esto, entre otras cualidades, hace que sea muy bien valorado entre sus allegados. Es ese tipo de persona agradable, cálido y atento que siempre se acuerda de los detalles. Siempre le ha ido bien en la vida con su actitud. Pero como todo tiene su parte no tan agradable.

Cuando hay algo que realmente le molesta no identifica claramente qué es y tampoco plantea a los demás cuáles son las cosas que no le gustan, por lo que se tiene que amoldar mucho a los intereses y opiniones de los demás. Algo parecido le pasa con Clara. Él casi siempre le ha dado la razón a ella y ambos han vivido a gusto dentro de sus roles. Pero cuando aparece el problema sexual, él asume que todo es culpa suya y por tanto se afana en buscar una solución unilateralmente. Esto le lleva a agobiarse mucho con el tema, y a la vez Clara cada vez le echa más la culpa a él de todo. Primero por no tener tanto deseo como ella y después por no conseguir tener erecciones en la mayor parte de sus relaciones sexuales.

Lo primero que hice cuando Marcos llegó a mi consulta fue explicarle las causas de sus problemas sexuales para descargarle de tanta culpa. Estaba convencido de que era sólo su culpa y en realidad la responsabilidad de la solución estaba en los dos y también la responsabilidad del inicio del problema.

Diferencia en el nivel de deseo en la pareja

Una de las primeras cosas que le expliqué a Marcos es que cada uno tenemos un deseo sexual diferente, igual que cada uno tenemos un apetito diferente. Son diferencias que hay que asumir en los demás. Es verdad que, en este sentido, los hombres lo tienen más complicado. Siempre se les atribuye un gran deseo sexual, mayor que el de las mujeres, y además va íntimamente vinculado con la hombría y la masculinidad. Es un mito extendido en nuestra sociedad. Pero como todos los mitos, tiene su parte real y su parte de ficción y como tal mito hay que tomarlo. En la realidad, hay hombres y mujeres con diferentes deseos sexuales y que van cambiando a lo largo de sus vidas. Lo difícil del deseo es encajarlo con el de la pareja, si ambos son muy dispares.

Aquí está el inicio de los problemas de esta pareja. Ambos tenían la expectativa de que Marcos tenía que tener más deseo sexual, por lo que ninguno asumía que el deseo sexual es algo propio de cada persona, que hay que aceptar, como aceptamos el color de pelo y la personalidad. Es verdad que hay cosas que no nos gustan de la pareja, pero si ni siquiera las vemos como parte su persona, es difícil, tanto para él como para ella, acercarse a una solución que les haga más felices a ambos. En este caso había, por parte de los dos, una negación ante el hecho de que Marcos, el hombre de la pareja, tuviera menos deseo sexual que Clara, la mujer. Por este motivo Clara no hace ningún intento de búsqueda de soluciones y finalmente Marcos busca sus propias alternativas, sin mucho éxito.

La pérdida de erección puede ser primaria, es decir, que ha ocurrido siempre, o secundaria, que ha pasado tras un periodo de buen funcionamiento sexual. También puede ser generalizada, esto es, que ocurre en cualquier contexto de estimulación sexual (masturbación, coito, etc.) o situacional, que ocurre en alguno de los contextos. En este último caso, que es la más frecuente, puede ser que el hombre no consiga tener o mantener la erección en una relación sexual en pareja pero sí durante la masturbación.

Muchos hombres creen que se trata de un problema médico o físico y normalmente llegan a la consulta tras haber acudido a su médico de cabecera. Algunos ya saben que es algo psicológico pero no entienden por qué les ocurre. Lo primero que hice con Marcos y con los pacientes que viene por algún asunto sobre su sexualidad, es explicarles por qué se inicia el bloqueo. Os explicaré qué pasó en el caso de Marcos.

En primer lugar Marcos se siente presionado con Clara desde hace tiempo. Él mismo pensaba que no era «normal» que su mujer tuviera más deseo sexual que él. El hecho de que su personalidad sea sumisa ayuda a que sólo vea su parte de culpa en el asunto, y que además tienda a culpabilizarse por las cosas que no salen bien. Con Clara le pasa lo mismo. Piensa que es culpa de él no tener más deseo y llega un momento que se presiona para tener más relaciones sexuales.

Aquí Clara juega un papel importante también. La presión de Clara sobre Marcos en cuanto a que de su aumento de deseo depende que siga o no su matrimonio, mantiene el problema. De alguna manera Clara coacciona o chantajea emocionalmente a Marcos para que solucione el problema, que para ella es importante. No es que lo haga intencionadamente pero muchas veces utilizamos este tipo de artimañas psicológicas porque suelen funcionar, aunque con un gran daño emocional sobre la otra persona. Al hacerlo de esta manera, inconscientemente provoca el efecto contrario. Es verdad que la coacción hace que Marcos intente solucionar el problema, pero es demasiado y le sobrepasa. Al final acaba por presionarse más para tener más y mejores relaciones sexuales, llegando a la pérdida de la erección.

¿Cómo actúa la presión para llegar a crear un problema como la pérdida de la erección?

Dentro de nuestro cuerpo hay diferentes sistemas nerviosos que parten del cerebro y que controlan las diferentes respuestas fisiológicas. En este caso la respuesta sexual es controlada desde el cerebro por un sistema que es incompatible con el que controla la preocupación o respuesta ansiosa. Es decir, si estamos preocupados por algo importante, seguramente nos costará mucho desconectar y disfrutar del sexo o incluso nos bloqueará. Seguro que casi todos hemos sentido en alguna ocasión que no podíamos seguir, que teníamos algo en la cabeza que no nos dejaba continuar con la relación porque no lo estábamos disfrutando. Como expliqué en la primera parte del libro, esta incompatibilidad ha sido y es importante para la supervivencia de la especie humana. Si estamos preocupados por algo el cuerpo entiende que debemos ocuparnos de ese «algo» y pone en marcha sus mecanismos para afrontar o huir del problema, que son las dos respuestas posibles ante un problema.

Cuando no sabemos esto, es fácil preocuparse si el sexo no va bien. Por ejemplo, si un chico pierde la erección suele pensar que ha fallado sexualmente, que no es tan hombre o que debe pasarle algo físicamente. Puede ser que se convierta en un problema sexual que perdure en el tiempo y que no tenga nada que ver con factores tales como la educación sexual recibida, la relación de pareja o factores psicológicos como la seguridad, la tolerancia a la frustración o la autoestima.

La educación sexual es importante. Cuando hablo de educación sexual hablo de saber cómo funcionamos a nivel sexual, conocernos bien, ser capaces de indagar y conocer los mitos más frecuentes que arrastramos culturalmente para poder superarlos. Seguramente si Marcos hubiera sabido que es normal que pierda la erección, que no siempre tiene que tener erecciones espléndidas y funcionar a la perfección, seguramente no se hubiera preocupado en las siguientes relaciones sexuales. Una vez que el problema empieza a pasar más a menudo es más complicado resolverlo y suele ser necesario buscar ayuda con un sexólogo o sexóloga (como en todo hay mucho intrusismo laboral, por eso especifico que un sexólogo es un psicólogo con esta especialidad. No todos los psicólogos tratan temas de sexualidad pero para ser sexólogo sí que hay que ser psicólogo). Hay casos de disfunciones que se inician a la vez que las relaciones sexuales, son los casos de disfunción sexual primaria. Ya sea primaria o secundaria se puede tratar con el profesional adecuado.

También influyen otros factores. Uno de ellos es la relación de pareja. En el caso de Marcos hay discusiones relacionadas con la sexualidad. Al principio Clara le echa en cara a Marcos que tenga menos deseo sexual que ella y discuten por ese motivo. Más tarde, cuando se desencadena la disfunción sexual, también discuten cuando la relación sexual no va bien. Marcos asume toda la culpa. Al asumir toda la culpa Marcos intenta compensar a Clara esforzándose cada vez más en las relaciones sexuales, pero sin querer consigue el efecto contrario: activa los mecanismos relacionados con la preocupación y la ansiedad y estos bloquean la respuesta sexual. Cada vez que Marcos pierde la erección va creyendo más y más que tiene un problema físico y los problemas de pareja van aumentando, motivo por el que la probabilidad de que vuelva a ocurrir en la siguiente relación sexual, cada vez es mayor. Porque cada vez está más preocupado sobre el tema y no es capaz de despreocuparse cuando se enfrenta al sexo. Es muy difícil desconectar de los problemas cuando los tenemos delante.

La terapia que realizamos los sexólogos para tratar este tema o cualquier disfunción sexual consiste en ir trabajando las diferentes causas para que el paciente vaya recuperando la seguridad en sí mismo y sea capaz de enfrentarse a las relaciones sexuales sin preocupación y sin ansiedad. Si hay problemas de pareja que causen o sean consecuencia de los problemas sexuales, es necesario también trabajarlos para que todo vuelva a funcionar.

14

El pasional

FERNANDO

La pasión, la diversión, la actividad y la felicidad son adjetivos que describen perfectamente a Fernando.

Tiene 41 años y lleva media vida dedicado a los recursos humanos. Trabaja en una empresa que se dedica a la selección de personal para puestos de trabajo de cierto nivel técnico. Es un mundo muy competitivo y Fernando se siente libre trabajando bajo presión. Tiene un gran don de gentes, que utiliza para su trabajo y para su vida personal. Cuando habla con empresas o con candidatos crea un ambiente de confianza que le ayuda a fidelizar y a ser uno de los que más comisiones cobra cada trimestre.

Es extrovertido, sano y cada estímulo que se le presente en su vida le produce una respuesta inmediata y vivaz. Se regocija en cada sensación.

Su sexualidad es una prolongación de esta personalidad tan divertida. Las mujeres con las que ha estado, siempre se quedan con una sensación dulce de haber disfrutado al máximo con él. Le gusta ser práctico y aprovechar el tiempo, también en la cama. Con su última pareja, Clara, le encantaba practicar *bondage*. Esta práctica sexual consiste en utilizar todo tipo de ataduras con cuerdas, cintas, telas, esposas o cadenas para inmovilizar a la pareja. También se pueden vendar los ojos o amordazar y a partir de aquí ya entra en juego la imaginación. Puede ser muy excitante para el que ata y para el que es atado. De alguna manera es una forma de dominar y ser dominado, que puede ser muy excitante si se practica de una forma libre y sana.

Otra de las prácticas que le encanta a Fernando es el fetichismo de zapatos. Se vuelve loco con los zapatos de las mujeres. Le gusta mirarlos, admirarlos, tocarlos y ser rozado por todo tipo de zapatos. Sobre todo los zapatos con tacón. Con Clara tenían un juego sexual que consistía en que ella se ponía los zapatos de tacón más altos que tenía y se iban a un bar. Allí se encontraban, cada uno iba por su lado. Tenían una conversación sentados en una mesa, mientras clara iba rozando sutilmente a Fernando con sus zapatos por debajo de la mesa. Intentaban que nadie les viera pero les daba morbo pensar que podían ser vistos por los demás. Esta situación generaba en ambos una excitación que podía durar horas, mientras seguían conversando en el bar. Cuando ya no podían más, se iban a casa o a algún sitio oscuro camino de su casa, a dar rienda suelta a la excitación de la situación.

Fetichismo sano e insano

El fetichismo es una práctica sexual que consiste en el gusto o la devoción por objetos materiales, que provocan placer sexual. El fetichismo hacia los objetos no sólo tiene este significado asociado a la sexualidad, puede ser la devoción por objetos a los que se le da un significado mágico, como puede ser un amuleto.

El fetichismo está considerado como una parafilia, que es un patrón de comportamiento sexual que no está asociado con la cópula sino con otro tipo de actividades como por ejemplo, frotarse, mirar a otros teniendo sexo o exhibirse en público. Estos patrones, en algunos casos, pueden provocar un daño a terceras personas. Si una persona se exhibe desnuda en público, seguramente pueda generar emociones negativas en los demás, debido a que la desnudez, en nuestra sociedad, no se contempla como algo normal, excepto en las zonas habilitadas para ellos, como playas nudistas.

¿Dónde está el límite entonces en este tipo de prácticas sexuales?

Hay que tener en cuenta la intensidad y sobre todo, la implicación de los demás. El límite en cualquier relación sexual está en el consentimiento de las personas implicadas y en la seguridad propia y de los demás. Es decir, si las personas que están implicadas son conscientes y están de acuerdo en llevarla a cabo, la práctica sexual no les provoca malestar y no atenta contra su salud física o mental o la de los demás, estamos hablando de una práctica sexual sana. En el caso de Fernando y Clara había consentimiento entre ambos y además la práctica no generaba malestar ni en ellos ni en los demás, por lo que se trata de una práctica sexual totalmente saludable.

Os voy a comentar un caso de fetichismo que atendí en consulta, en el que una práctica fetichista sí que suponía un problema. Se trataba de una pareja, que llevaba saliendo un año, más o menos, y que no habían conseguido encajar sexualmente. Me explico. El hombre era fetichista de los zapatos y la mujer no entendía esta práctica. Además, él sólo conseguía excitación sexual a través de los zapatos, chupando la suela de los mismos. Esto les generaba un problema, porque, si ella accedía a realizar esta práctica sexual se sentía mal, culpable y sucia. Veía esta práctica como algo sucio y raro. Por su parte él sufría mucho porque veía los esfuerzos que ella hacía por excitarle, poniéndose todo tipo de lencería y teniendo acercamientos de los más sensuales hacia él pero no conseguía excitarle. Ambos tenían maneras diferentes de acceder a la excitación sexual y eso suponía que no se podían acoplar y les hacía sufrir mucho porque además no entendían al otro.

En este caso la diferencia principal con Fernando y Clara es que este hombre sólo conseguía excitarse mediante esta práctica sexual y por tanto le iba a resultar muy difícil encajar con una persona más convencional. La mujer no aceptaba que él tuviera que chupar sus zapatos para excitarse. Le generaba dolor porque lo vivía creyendo que a él no le gustaba demasiado ella porque no se excitaba con su cuerpo. Por otro lado él se sentía frustrado porque la quería de verdad, pero no era capaz de conseguir excitarse de la manera que ella quería.

15

El creativo

ÁLVARO

A Álvaro le encanta investigar. Toda su vida ha sido muy inquieto y le han interesado muchas cosas. Por ejemplo, es un apasionado de la naturaleza y conoce lugares insólitos e increíbles.

En su trabajo también ha buscado poder innovar. Se dedica a realizar páginas webs y obtiene los beneficios de la publicidad que tienen estas páginas. Esto le obliga a estar siempre a la última en cuanto a tecnología y a modas, ya que las páginas web son instrumentos muy variables que hay que ir adaptando continuamente. Por otro lado le gusta tener una seguridad económica así que lleva muchos años trabajando en un gran hotel, donde se dedica a gestionar eventos y manejar grandes cuentas.

Como le encanta aprender y le encanta el sexo ha desarrollado grandes habilidades sexuales. Ahora tiene 47 años y una gran capacidad de disfrutar y hacer que las mujeres que están con él disfruten muchísimo. En este momento no tiene pareja pero ha tenido tres relaciones importantes. La última, con su mujer, con la que tiene un hijo. Lleva 3 años separado.

Con su mujer estuvo casado unos 20 años. En este tiempo siempre le insistió en que probaran e investigaran sobre sexualidad. A ella le encantaba esta faceta de Álvaro porque con él era difícil aburrirse.

Hubo una época, durante los primeros años que se conocieron y que fueron novios, que Álvaro quería siempre tener sexo en sitios públicos. A ella al principio le daba vergüenza pero en seguida empezó a encontrarle la chispa a esta práctica. Se deleitaban besándose y haciendo el amor en cabinas públicas (de las que había antes que eran un habitáculo acristalado), en gasolineras, en bancos en plena calle e incluso en la playa a plena luz del día. Les gustaba mucho recordar cómo una vez, se colaron en la biblioteca en época de exámenes, que abría durante las 24 horas del día, y entraron sigilosamente al baño mientras intentaban mantener el silencio sepulcral que se respiraba en el ambiente. No eran capaces y al final tuvieron que irse corriendo por miedo a que la bibliotecaria les llamara la atención.

Después de tener a su hijo, ya no podían salir tanto, sobre todo los primeros años, así que Álvaro le propuso a su mujer que se dedicaran siempre una tarde entera, que normalmente era la del domingo, a encontrarse sexualmente. Y así lo hacían. Siempre pasaban las tardes de los domingos entre sábanas. A veces veían una película pornográfica, otras jugaban a algún juego erótico o se dedicaban a darse largos masajes por todo el cuerpo el uno al otro. Siempre con mucha calma y prestando atención a lo que hacían. Disfrutaban mucho.

Álvaro siempre sigue investigando sobre sexualidad igual que sobre todos los temas que le interesan. Últimamente ha descubierto los sitios de intercambios de pareja y a veces ha ido con alguna mujer con la que estaba saliendo. Les provoca una gran excitación imaginarse en la situación de ver a la mujer con la que ha salido con otro hombre. Lo ha llevado a cabo sólo en una ocasión pero le gusta y lo seguirá probando alguna vez más.

Un hombre con una personalidad de este tipo, creativa, tiene muchas posibilidades de ser un buen amante. Aunque no sólo entra en juego esta parte de la forma de ser, va a ser alguien que nunca se conforme y siempre quiera aprender y puede utilizar esta ventaja para ampliar sus conocimientos en torno al sexo.

Álvaro, además de tener una gran iniciativa en el sexo, siempre está atento a cómo está su pareja. Esto es algo muy importante para hacer disfrutar al otro. Prestar atención a los signos que nos da la otra persona.

¿Cómo hacerlo?

Se puede hacer de varias maneras. En primer lugar el lenguaje no verbal nos puede decir mucho en una relación sexual. Está expuesta la mayor parte o todo el cuerpo de la persona y ahí podemos ver respuestas que nos pueden dar pistas como la cara, el movimiento del cuerpo, si se estremece o si hace algún tipo de gemido. La respuesta de la otra persona dice mucho ya que la excitación es una respuesta que va experimentando una escalada hasta llegar al clímax. Durante esta escalada los músculos van aumentando el tono y se puede apreciar este aumento en los gestos y en la posición que va tomando. Es sutil pero estar atentos puede ayudarnos a percibir bien estos cambios. En segundo lugar el lenguaje verbal, hablar o preguntar. Animo a que preguntéis a vuestras parejas sexuales si les gusta lo que estáis haciendo, que querría hacer, cuál es su fantasía o cualquier cosa que queráis saber. También podéis expresar lo que os gusta diciéndoselo para ponérselo más fácil. Cada persona es muy diferente y expresarnos en este sentido ayuda mucho a que la otra persona vaya aprendiendo qué y cómo nos gusta.

Es importante la comunicación durante la relación sexual pero es verdad que a mucha gente le resulta difícil atender al lenguaje no verbal de la pareja y el lenguaje verbal suele ser escaso. Yo siempre recomiendo hablar y comunicarse durante las relaciones sexuales ya que es la única manera de conocer a la persona con la que estás y de poder ir aprendiendo qué le gusta y cómo le gusta. De la misma manera si tú mismo explicas qué te gusta seguramente conseguirás un nivel más alto de satisfacción sexual porque tu pareja irá aprendiendo cómo te gustan las cosas en el sexo. La comunicación puede ser verbal y no verbal. Quizá pueda dar más vergüenza el lenguaje verbal que el no verbal durante las relaciones sexuales, porque no estamos acostumbrados a hablar de sexo. A veces incluso no sabemos cómo referirnos a nuestros genitales. En estas dificultades podemos ver cómo los tabúes siguen estando muy a la orden del día.

16

Descubriendo tu personalidad

Después de ver los diferentes tipos de personalidades sexuales, seguramente te hayas sentido identificado con uno o más de un tipo. Puede ser que tus relaciones sexuales hayan sido siempre iguales o que hayan cambiado de unas a otras, dependiendo de la pareja con la que estuvieras. Es más probable que haya cierta variabilidad, en función de las otras personas con las que se tienen las relaciones sexuales.

Una diferenciación importante a la hora de analizar tu personalidad sexual es tener en cuenta las parejas a largo plazo, es decir, parejas con las que has tenido una relación, más corta o más larga, y las parejas ocasionales, con las que has tenido algún encuentro sexual esporádico. Para descubrir cuál es tu tipo de personalidad sexual toma como punto de partida las relaciones que hayan durado algo de tiempo. Es importante esta distinción porque normalmente, al principio, todo el mundo está algo nervioso cuando tiene una relación sexual con otra persona, sobre todo si no se conocen mucho. Al principio, aun conociendo a la otra persona, se va siempre a ciegas en el plano sexual. Por este motivo, puede aparecer cierto nerviosismo que en algunas ocasiones puede dificultar la consecución de placer.

Como ya comenté, el nerviosismo y la respuesta sexual, son mecanismos incompatibles de nuestro cuerpo, por lo que cuanto más nerviosos estemos, menos probable es que consigamos una buena relación y disfrute sexual.

Si tomas como punto de partida tus relaciones sexuales con parejas más estables, busca lo que hay en común en todas ellas y piensa en cómo eran ellos/ellas y como eres tú.

Puedes ayudarte de las siguientes preguntas.

- ¿Soy más bien tímida o tomo la iniciativa?

- ¿Me muestro en la cama como en mi vida cotidiana o soy lo contrario? Por ejemplo, ¿soy tímida en el trabajo y en la cama me desinhibo?

- ¿Me cuesta confiar en alguien y también me cuesta confiar en alguien en la cama?

- ¿Me gusta más que el hombre me domine y dejarme llevar o necesito tomar yo la iniciativa?

- ¿Cuándo me encuentro con un hombre que quiere llevar la iniciativa todo el tiempo, siento que compito por dominar?

- ¿Cuándo me encuentro con un hombre más tímido, me siento perdida o no sé tomar la iniciativa?

Después de hacerte estas preguntas y tener una idea de cómo eres sexualmente y de si concuerda sobre cómo eres en tu vida o lo contrario, lee con calma el resumen de los tipos de personalidad sexual y elige cuál se asemeja más a ti. Puede ser que encajes en una o dos personalidades sexuales o que hayas ido cambiando, pero intenta acotar la elección en aquella personalidad que te sientas más identificada.

Vergonzosa: Te cuesta abrirte a la intimidad con otra persona, ya sea física o emocionalmente. Tienes muchos tabúes sexuales y no sueles hablar de sexo, ni con la pareja ni con otras personas. A veces, incluso con parejas más estables, no terminas de perder la vergüenza, sobre todo en el sexo.

Liberada: Tu mente funciona conectada con tu sexualidad y no temes hablar de sexo. Cuando te relacionas con parejas sexualmente, te sientes libre de hacer lo que te apetece y pedir lo que te gusta. Crees que la sexualidad es algo natural y que todo el mundo debería disfrutar de ello tanto como tú.

Controladora: Tiendes a controlar las situaciones y también te ocurre en la cama. Te cuesta dejarte llevar y lanzarte al placer, siempre tienes la mente conectada a la realidad y trabajando activamente. Disfrutas, pero siempre dentro de tu propio control. Puede haberte causado problemas en alguna ocasión, por no haber sido capaz de desconectar para dejarte llevar en el sexo y disfrutar.

Erótica: Eres muy sensual y te gusta el sexo de muchos tipos. Das rienda suelta a tu imaginación y te permites investigar y descubrir algo más, tanto de ti como de los demás, en las relaciones sexuales. Eres creativa e inquieta. Buscas las novedades para no aburrirte y te gusta disfrutar y que disfruten contigo. En tu vida también eres creativa e innovadora y le sacas partido a tu fuerza.

Sumisa: Te dejas llevar por tu pareja, necesitas que él sea el dominador y el que lleve la voz cantante. Si no, el terreno se convierte en inseguro para ti y no te sientes cómoda. Algo parecido te pasa en tus relaciones sociales, son los demás los que suelen tomar las decisiones y así te sientes más protegida y segura. Cuando tienes que decidirte, dudas mucho y te muestras ansiosa.

Insegura: No acabas de sentirte tranquila con casi nadie. Tienes miedo a que te hagan daño o a veces no sabes a qué. Puede ser que algo que te haya sucedido te provoque esa inseguridad o temor, pero no eres capaz de dejarlo pasar. Puedes haber conseguido controlarlo en otros ámbitos de tu vida pero en el sexo es más difícil, porque es necesario entregarse.

Si eres hombre puedes hacerte las mismas preguntas que he propuesto, y a continuación, intentar ver con qué tipo de personalidad sexual encajas más. Aquí también las mujeres pueden ver con qué tipos de personalidades sexuales han tenido relaciones:

Atleta triunfador: Como su palabra indica sueles triunfar en el trabajo y en tu vida personal, liderar y ser de los mejores. Tienes autoestima, crees en ti y en tu propio valor. Te gusta cuidarte y sentirte bien por dentro y por fuera y disfrutas mucho gustando a los demás. Te interesa mucho superarte y en la cama también te gusta saber y mostrar tu mejor cara. Cuando algo o alguien te gusta, no cesas hasta que lo consigues. Eres un conquistador y te gusta mucho dominar sexualmente a tus parejas. No quieres que te dominen a ti.

Narcisista: Estás muy pendiente de ti mismo, incluso dejando de lado a los demás en algunas ocasiones. Te gusta desarrollarte personalmente aunque a veces implique no cuidar las relaciones con los demás. Te buscas a ti mismo constantemente y eres auténtico. En la cama también te muestras así, aunque tienes que esforzarte por estar atento con la otra persona, ya que tu tendencia es a buscar el propio placer. Te interesa mucho la fase de conquista con las mujeres porque te reafirma personalmente, pero sueles perder el interés una vez conquistadas.

Tímido: De entrada no te muestras tal y como eres, porque tienes cierto temor a los demás o te preocupa mucho cómo te verán. Con el tiempo vas teniendo más confianza en ti mismo y eres capaz de relacionarte desde la confianza y la serenidad. Sexualmente te ocurre algo parecido. Al principio puedes estar más nervioso e incluso no funcionar en la cama, pero si te dan tiempo, despliegas tus armas sexuales, que pueden ser muchas. Además, al tener sensibilidad interpersonal, das todo de ti para que también tu pareja se sienta bien y disfrute.

Sumiso: Dejas que sean los demás los que tomen las decisiones por ti o necesitas de su acompañamiento para hacerlo. Por algún motivo a veces te sientes menos que los demás y no crees que tu opinión sea importante, por lo que te subordinas a la de los demás, aunque en el fondo sí la tienes, pero llegar a dudarlo. En la cama necesitas de alguien que tome las riendas y que de los pasos a seguir. Te cuesta soltarte y enseñar tus armas sexuales y cuando alguien te lo pide, te sientes inseguro y temeroso y sueles declinar la oferta.

Pasional: Eres un buen amante, conversador y amigo. Pones tu energía en lo que haces y lo disfrutas mucho. Eres extrovertido y te manejas muy bien socialmente y también en la cama. Despliegas tus herramientas para la conquista y después cumples las expectativas de tus parejas en el sexo.

Creativo: Te encanta investigar e innovar. Tienes la necesidad de hacer cosas únicas y creativas por lo que te esfuerzas en seguir aprendiendo. Tienes dotes en la cama aunque a no siempre te gusta dominar, también te gusta que tu pareja sexual tome la iniciativa. Prefieres el equilibrio a llevar la voz cantante en el sexo, así que de vez en cuando te dejas hacer. Tu curiosidad es incansable y te ayuda a mantener la mente ocupada y a no sentirte estancado en el sexo y en tu vida.

17

¿Con quién encajas sexualmente?

Una vez averiguada cuál es tu personalidad sexual, te preguntarás cuál sería tu pareja perfecta. Obviamente hay muchos más aspectos de una pareja, además del aspecto sexual pero las parejas comienzan por el cortejo, la atracción y la sexualidad. Así que es importante saber si conectas o no a nivel sexual y cómo identificar posibles parejas con las que puedes conectar mejor. También es importante saber con qué personalidad encajas menos.

No siempre la personalidad sexual es un reflejo de ti mismo, pero nos puede dar muchas pistas y en muchos casos, como ya hemos visto, lo es. Un caso de no coincidencia entre la personalidad y la personalidad sexual sería por ejemplo un ejecutivo con una personalidad expansiva y agresiva que, en la cama, le gusta la sumisión y el sadomasoquismo. En este caso justamente lo que le atrae es asumir el rol contrario al que mantiene en la vida. Suelen ser casos de personalidades muy en su extremo, no de personalidades más generales.

Hay algo general tanto en los hombres como en las mujeres. Los hombres tienen una tendencia biológica y social a ser más activos sexualmente, a llevar la iniciativa y a dominar. Socialmente se asocia virilidad y dominancia con el acto de penetración. Por este motivo, cuando tienen dificultades para tener erecciones, lo viven como algo muy estresante y se convierte en un problema que se repite, por la propia ansiedad que les genera que pueda volver a pasar. Suelen dejar de lado los juegos preliminares y quieren ir al grano, al coito o penetración.

Las mujeres tienden más a la sumisión y a la necesidad de ser sometidas sexualmente. En general siguen teniendo miedo a liberarse porque su pareja puede pensar que es «muy liberada» y reprime parte de su naturaleza sexual para seguir encajando con el modelo sumiso. Aunque son generalizaciones, existe incluso en las mujeres más liberadas esta necesidad de ser sometidas, como fantasía, por el hombre. De hecho han tenido mucho éxito recientemente libros eróticos que describen escenas de *bondage*.

Atracción y conquista

En una primera fase de atracción y conquista nos suelen atraer las personalidades que son diferentes a la nuestra. Aquello que no tenemos, que no sabemos hacer, nos llama la atención y se adueña de nuestra curiosidad. El hombre se fija principalmente en el aspecto físico de la mujer. Una mujer atractiva le resulta suficiente para despertar el deseo sexual hacia ella. Las mujeres, sin embargo, solemos necesitar un contacto más personal con el hombre, para sentir deseo sexual hacia él. En decir, en el hombre la sexualidad conduce al enamoramiento y en la mujer el enamoramiento conduce a la sexualidad.

Biológicamente las mujeres nos sentimos atraídas por hombres que tienen forma de triángulo invertido, que tienen hombros anchos y cintura más estrecha. Esto denota fuerza y capacidad genética. Los hombres, desde esta mirada biológica, se sienten más atraídos por las mujeres que tienen curvas, de tal forma que han desarrollado sus atributos sexuales y son fértiles. Las mujeres, tanto en la niñez como a partir de la menopausia, suelen perder la curva de la cintura y se vuelven más rectas. Esta imagen denota infertilidad y atrae menos a los hombres. Pero obviamente no sólo cuenta la parte biológica, aunque es importante tenerla en cuenta porque hay mecanismos químicos en la atracción que sólo se pueden explicar desde este punto de vista biológico.

En la fase de conquista, actualmente nos hemos ido adaptando a los cambios sociales. Hasta hace treinta años, los hombres tenían que esperar hasta el matrimonio para tener relaciones sexuales con las mujeres y la conquista era mucho menos sexual. A veces había algún beso pero no se solía ir más allá. En la actualidad se mezcla la conquista con el inicio de la sexualidad, no hay una separación temporal de ambos momentos. Esta nueva manera de relacionarnos tiene ventajas pero también inconvenientes. La principal ventaja es que existe la posibilidad de conocer a la pareja en profundidad, antes de adquirir un mayor compromiso. Uno de los inconvenientes es que se crean vínculos emocionales que, si la relación no prospera, se sufren como pérdidas o duelos. En el momento actual somos parejas monógamas pero estacionales. Es decir, a lo largo de la vida tendremos tres o cuatro parejas importantes, en diferentes momentos vitales.

¿Quién encaja con quién?

Cuando escogemos a una pareja, ¿qué es lo que más nos llama la atención? Generalmente nos llaman la atención aquellas características que nosotros no somos o no tenemos. Por ejemplo, si un hombre es tímido le interesará más una mujer más extrovertida. De alguna manera ansiamos aquello que no tenemos como forma de completarnos y sentir que estamos en crecimiento. La pareja es el mejor terreno para el crecimiento personal. Si nos unimos a alguien que es igual que nosotros, seguramente no nos enriquecerá tanto como alguien que es diferente.

En la cama ocurre lo mismo. La sexualidad es el medio a través del cual las parejas forjan sus lazos emocionales y también ahí queremos alguien que nos aporte diferenciación con respecto a nosotros mismos. Si bien necesitamos esta diferenciación para atraernos, demasiadas diferencias pueden llevar a un fracaso. Aunque nos atrae aquello que no somos, en el fondo anhelamos mantener nuestra propia manera de ser y sacarnos partido. Si las parejas que elegimos son demasiado diferentes o las diferencias son incompatibles (diferentes religiones, incompatibilidad de lugar de residencia, etc.) es más probable que no pueda haber un acercamiento de posturas y un entendimiento. La pareja va construyendo su propia manera de ser con sus normas, sus leyes y sus prohibiciones y si ambos miembros son muy diferentes, les va a resultar muy difícil encontrar un punto intermedio que satisfaga a ambos. Queremos una pareja que nos aporte algo nuevo pero que no nos aleje demasiado de nuestro origen, porque necesitamos seguir perteneciendo a lo anterior, a nuestras propias raíces.

TÍMIDO Y LIBERADA

Un hombre tímido puede encajar bien con una personalidad más liberada. El hombre buscará aquello que él no es, la espontaneidad y la ligereza en las relaciones sociales. Le puede atraer más una personalidad más extrovertida que contrapese la suya y que le ayude a crecer a través de su pareja. En la cama puede que el hombre, al principio, esté más inseguro y más temeroso, pero pasado un tiempo será capaz de poner en marcha todo su potencial sexual y dejarse llevar a una sexualidad pasional. Un hombre tímido puede que sea más sensible y una mezcla entre la sensibilidad y la pasión puede ser la receta perfecta para una sexualidad libre y creativa y una satisfacción sexual plena por parte de los dos.

NARCISISTA E INSEGURA

Un hombre narcisista puede encajar más con una mujer más insegura. El narcisista en el sexo es alguien que busca su propia reafirmación a través de lo que hace y de las personas con las que se relaciona. Es alguien que va a estar siempre más pendiente de él mismo que de los demás. Por lo tanto, tendrá menos energía y menos tiempo de atención con la pareja. En el sexo puede ser un hombre muy pasional también, pero más centrado en su propio placer que en el de su pareja. Por eso, alguien más narcisista necesita una pareja que le admire y que incluso anteponga el placer de él al suyo propio. Una mujer más insegura puede encajar bien con un perfil más narcisista. Imaginad un narcisista con una mujer muy segura de sí misma. Seguramente él se sentiría en peligro y ella se sentiría menospreciada.

CONTROLADORA Y CREATIVO

Una mujer controladora necesita tener su entorno bajo control. Le suelen preocupar los imprevistos y las novedades porque vive con tranquilidad cuando sabe qué va a pasar. En la pareja y en la sexualidad le ocurre algo parecido. Prefiere las relaciones estables que los encuentros esporádicos. Vive sujeta a sus propias normas de funcionamiento y le cuesta salirse del camino marcado. Se sentirá atraída por alguien que le aporte la espontaneidad y la creatividad que ella misma no es capaz de liberar. Puede ser que la tenga pero que no la deje salir por miedo al descontrol y a las consecuencias no esperadas. En la sexualidad una mujer controladora (acordaros de Marta) va a necesitar también saber cuáles van a ser los pasos que va a seguir la relación sexual. Seguramente le cueste adaptarse a cambios y a nuevas prácticas sexuales. Si en un entorno seguro, como puede ser una pareja estable, se encuentra con alguien que aporta esta creatividad y las ganas de innovar y de probar cosas nuevas, ambos se van a sentir necesarios para el otro y van a sentir que siguen creciendo dentro de la pareja. Ella porque puede ir dando pasos dentro de la seguridad que le aporta la pareja y él porque sigue aportando su creatividad al juego común.

ATLETA Y SUMISA

Una personalidad de atleta triunfador es alguien que destaca por sus logros y que trata de mantener su validez social a través de obtener metas, tanto físicas como laborales o sociales. Necesita brillar y también busca que sus parejas le hagan brillar aún más. Pone todo su empeño en mejorar y en destacar y también en la cama. Seguramente sea un buen amante porque sepa muchas técnicas sexuales, aunque si no está muy enamorado se puede olvidar del disfrute de sus parejas. Una personalidad sumisa le puede encajar. Alguien sumiso es alguien que está muy preocupado por lo que los demás piensen de él y puede anteponer a los demás, en muchas ocasiones, antes que a él mismo por agradar o por no molestar. Suele ser alguien que no tiene mucha autoestima pero que a la vez es muy cuidador de los demás. Ambas personalidades pueden encajar muy bien porque ella se centrará en hacerle sentir bien, a veces incluso a costa de ceder demasiado y sentirse mal y él sentirá que sigue siendo muy importante.

VERGONZOSA Y PASIONAL

El anhelo de una mujer con mucha vergüenza en la cama es alguien que le lleve a la máxima expresión de la pasión sexual. Si ella, por sus propias limitaciones, no es capaz de dejarse llevar por la pasión, ideará alguien que le ayude a salir de su vergüenza y con el que sea capaz de conseguir todas esas pasiones que ha imaginado en tantas ocasiones. El pasional es alguien que está muy conectado con su sexualidad y que lo vive como algo natural, dando lo mejor de sí mismo a sus parejas. Una pareja así puede encajar pero necesita un proceso de crecimiento hacia un punto en común, ya que él vivirá como importante guiar a su pareja hacia una sexualidad más libre y ella vivirá con el anhelo de hacerlo. Si en la realidad no se consigue este acercamiento, puede ser una diferencia importante, difícil de superar.

ERÓTICA Y SUMISO

En este tipo de parejas ocurre algo parecido a lo que ocurría con el tímido y la liberada. Una mujer muy erótica ha desarrollado su sexualidad de manera libre y vive muy conectada a esa fuerza. Es creativa y se deja llevar por su sensualidad. En algunos momentos de su vida puede buscar alguien que le siga la corriente en este sentido, pero seguramente se sienta atraída por alguien más sumiso, que ceda a sus decisiones y a sus deseos. Un hombre sumiso (o una mujer también) puede ser alguien también muy conectado con su sexualidad, pero que necesita algo más de tiempo para sentirse seguro y tranquilo con la pareja y poder dejarse llevar. En la diferencia ella encuentra el interés por descubrir al otro y él se siente atraído por alguien que es capaz de sentirse libre desde el principio. Ambas personalidades pueden encajar bien, si se dan el tiempo para que él se sienta más tranquilo y deje salir sus capacidades y su sexualidad real.

Parejas simétricas y parejas complementarias

Estas son algunas de las posibles combinaciones entre diferentes personalidades sexuales que pueden ser más fructíferas y funcionar más que otras. En general hay que tener en cuenta que existen parejas simétricas (iguales) y parejas complementarias.

Las parejas simétricas o iguales parten de un punto de vista muy parecido. Tienen valores y personalidades muy parecidas. En un principio pueden ser parejas que encajen muy bien porque no hay lugar para las discusiones ni los choques. La convivencia resulta estable, fácil y simple. Quienes se incorporan a una pareja con este modelo prefieren la estabilidad de la similitud que el enriquecimiento de la diferencia. Para quien este modelo es aceptable, porque no busca el crecimiento, sino más bien la ausencia de conflicto y la tranquilidad, va a ser un modelo de pareja funcional.

Una pareja complementaria es una pareja en la que se produce crecimiento personal para los dos miembros. Ambos se nutren de las diferencias del otro y van creando su propio modelo de funcionamiento. Este proceso necesita de discusiones y conflictos, que se pueden vivir como fases de acoplamiento más que como un problema de pareja. Las parejas que consiguen este estado suelen hacerlo a través de una serie de crisis que van superando y la unión se convierte en una fuente de enriquecimiento, digna de ser mantenida por mucho tiempo. La convivencia para este tipo de parejas se convierte en un proceso de conceder al otro. Conceder desde la convicción de que le parece razonable la demanda del otro, desde la empatía con el otro y no desde el miedo a la pérdida.

Las combinaciones que he realizado de parejas están enmarcadas más en el tipo de pareja complementaria porque son las parejas que más posibilidades tienen de ser una fuente de evolución personal y de sexualidad satisfactoria.

Niveles de deseo sexual

Además del tipo de personalidad sexual es necesario tener en cuenta los niveles de deseo sexual que cada miembro de la pareja tiene. Lo que nos suele pasar, como en la mayor parte de cosas, es que pensamos que nuestro nivel de deseo es el «normal», el adecuado y el que va a tener la persona con la que nos encontremos. Y esto no es así.

Muchas veces me he encontrado con parejas en terapia que acuden porque él o ella tienen falta de deseo o porque él ha perdido la erección y tiene un problema de impotencia. Es algo que no les pasaba al principio, pero que cuando han pasado dos o tres años, o cuando se han ido a vivir juntos les ha empezado a ocurrir. Cuando indagamos a ver los motivos de esta disfunción, se ve que hay diferencias en los niveles de deseo sexual de cada uno y que el que más deseo tiene, reclama al otro que cumpla con sus expectativas. El que es reclamado se siente culpable por no poder cumplir con los deseos de la pareja y esta culpa le genera un bloqueo sexual que se traduce en aún menos deseo y en cualquier problema de los que hemos ido viendo a lo largo del libro.

Cuando digo que suele ocurrir después de dos o tres años o tras irse vivir juntos es porque normalmente en la fase de enamoramiento de la pareja, los dos o tres primeros años, ambos miembros tienen más deseo sexual por el propio enamoramiento y las respuestas químicas que vivimos durante esta fase y que después desaparecen. Cuando esto sucede aparecen más las características personales de cada uno por dos motivos fundamentales: nos esforzamos menos en agradar al otro y nos mostramos más tal y cómo somos y vemos de manera más real quién es nuestra pareja. Durante la fase de enamoramiento nos atrae mucho la pareja pero no vemos claramente quién es, porque estamos cegados de amor. Tras esta fase, tenemos que elegir si queremos seguir con la pareja o no. Parece que ya no estamos tan enamorados, pero surge un tipo de amor más basado en la elección real y la aceptación de quién es la persona con la que estamos.

En el terreno sexual, existe un descenso progresivo del deseo hasta llegar a los niveles reales de cada uno. Puede variar por diferentes motivos, como estrés, problemas de pareja, hijos, cambios vitales, etc. Pero cada uno tiene su propio nivel de deseo sexual. Se podrían dividir en alto, medio y bajo. Si hay muchas diferencias en el nivel de deseo de ambos puede surgir un problema de pareja porque uno de los dos se siente insatisfecho y el otro culpable por no cumplir el deseo de su pareja. Si no hay un acoplamiento en este deseo y se llega a un punto intermedio que satisfaga a ambos, se pueden producir problemas sexuales y de pareja e incluso la separación.

TERCERA PARTE

TÉCNICAS SEXUALES

18

La comunicación sexual. Asertividad sexual

Asertividad

La primera vez que oí la palabra *asertividad* me sonó parecido a la palabra selectividad. Imaginé que era una especie de prueba de evaluación que mediría aptitudes y habilidades en lugar de conocimientos teóricos, que es lo que evalúa la selectividad. Poco a poco fui aprendiendo e investigando más sobre la asertividad y, sobre todo, poniéndola en acción en mi propia piel y me fui dando cuenta de que no es tan sencillo como parece en un primer momento. A día de hoy, más de diez años después de mi primera experiencia con la asertividad, me siguen sorprendiendo los resultados y los cambios que logran muchos de mis pacientes, cuando aplican esta técnica, y por supuesto yo misma. La explicación teórica de la asertividad es bastante lógica y sencilla y, siempre que se lo explico a un paciente, le resulta sencillo y comprensible. La complejidad aparece más adelante, cuando intentamos aprender un estilo asertivo de pensamiento y de comunicación y tenemos que enfrentarnos con modificar el nuestro, el de toda la vida, el conocido.

La palabra *asertividad* proviene del latín y significa «afirmación de la certeza de una cosa». Se trata de un estilo de comunicación y de pensamiento; una estrategia, que consiste en tomar una posición en la que pensamos y sentimos que tenemos una serie de derechos y los ponemos en marcha, expresándolos y actuando de forma coherente con esos derechos. Se trataría de defender los derechos propios sin agredir ni ser agredido. Es el punto intermedio entre dos extremos, la pasividad y la agresividad. La pasividad es un estilo comunicación que se caracteriza porque la persona no expresa nunca o casi nunca lo que piensa. La agresividad sería el otro extremo, consistente en que la persona expresa lo que piensa pisando los derechos de los demás.

Existen una serie de derechos asertivos con los que solemos trabajar los psicólogos en terapia que recopiló Manuel J. Smith en su libro *Cuando digo no, me siento culpable*, en el año 1975. Estos derechos asertivos son los siguientes:

1. El derecho a ser tratado con respeto y dignidad.
2. El derecho a tener y expresar los propios sentimientos y opiniones.
3. El derecho a ser escuchado y tomado en serio.
4. El derecho a juzgar mis necesidades, establecer mis prioridades y tomar mis propias decisiones.
5. El derecho a decir «NO» sin sentir culpa.
6. El derecho a pedir lo que quiero, dándome cuenta de que también mi interlocutor tiene derecho a decir «NO».
7. El derecho a cambiar.
8. El derecho a cometer errores.
9. El derecho a pedir información y ser informado.
10. El derecho a obtener aquello por lo que pagué.
11. El derecho a decidir no ser asertivo.
12. El derecho a ser independiente.
13. El derecho a decidir qué hacer con mis propiedades, cuerpo, tiempo, etc., mientras no se violen los derechos de otras personas.
14. El derecho a tener éxito.

15. El derecho a gozar y disfrutar.

16. El derecho a mi descanso, aislamiento, siendo asertivo.

17. El derecho a superarme, aun superando a los demás.

La asertividad es una habilidad que nos puede servir para muchas cosas. En primer lugar ser asertivo nos ayuda a sentirnos mejor porque comunicamos nuestras emociones, nuestros deseos y nuestras opiniones a los demás. El hecho de comunicar nos hace sentir bien, por la descarga emocional que supone y porque además, nos evaluamos mejor cuando hablamos más claramente. Esto ayuda a favorecer la autoestima y el bienestar emocional. Además promueve que los demás sepan dónde están nuestros límites, no dejándonos pisotear. Es una herramienta que favorece la negociación con los demás, la empatía hacia nosotros, el vínculo con los demás y mejora nuestro propio auto-concepto. Lo mismo ocurre cuando somos asertivos en el sexo. Cuando comunicamos a los demás nuestros gustos, nuestras opiniones, necesidades y fantasías nos sentimos mejor. Es verdad que pensar en hacerlo, cuando no solemos, nos puede poner nerviosos y los nervios o la ansiedad (es lo mismo) nos empuja a huir de las situaciones cuando valoramos que no tenemos recursos. Obviamente, ante situaciones nuevas, no tenemos recursos suficientes, porque no las hemos vivido antes y muy probablemente nuestra parte emocional nos invite a salir corriendo y no hacerlo. Pero si eres capaz de aguantar algo de malestar y empezar a comportarte asertivamente, irás viendo como la ansiedad cada vez es menor, ya que a medida que te enfrentes con situaciones iras aprendiendo nuevos recursos, mejorará tu autoestima y te motivarás cada vez más. Es decir, lo importante es empezar y no dejarte bloquear por la ansiedad. Además cuando empiezas a utilizar la asertividad se produce una reacción en cadena. Si comienzas por el sexo, hablando de sexo con la pareja, explicando lo que gusta y lo que no, compartiendo fantasías y pidiendo algo que nos apetezca, probablemente te sientas capaz de ser asertiva o asertivo en muchas otras situaciones.

JORGE NO PUEDE MIRAR A LOS OJOS

Recuerdo la primera sesión con Jorge, un paciente que tuve hace unos años, que vino motivado por su exnovia, con la que todavía convivía (hacía varios años que habían terminado su relación). Ese primer día que Jorge se sentó frente a mí sufrió muchísimo al contarme lo que le ocurría: llevaba toda la vida callando lo que pensaba y había llegado a un estado de depresión que acarreaba hacía varios años que no le permitía hacer nada. Sufrió también por el hecho de contarme su historia, le costaba mucho mantener la mirada, miraba hacia sus manos, entrelazadas. Hablaba en un tono muy bajo, tanto que incluso a veces tenía que pedirle que repitiera algo que yo no había escuchado bien. Me contó que sólo iba del trabajo a casa y de casa al trabajo. El resto del tiempo lo pasaba tumbado en el sofá, sumergido en sus propios pensamientos. Le costaba mucho mirar a los ojos a cualquier persona, no se veía capaz de cambiar productos en las tiendas, de hacer gestiones por teléfono o en persona, de hablar con su jefe para que le subiera el sueldo o mostrar su desacuerdo a su exnovia en lo referente a seguir viviendo con ella. Mucho menos de conocer gente nueva ni de ligar con chicas. En el sexo tampoco le iba bien. Le costaba mucho ligar con chicas, iniciar conversaciones o incluso salir con gente. Además el hecho de vivir con su ex eliminaba casi cualquier oportunidad de tener una relación con una chica. La ex le controlaba, quería mantenerle cerca y él se dejaba controlar pero ninguno de los dos era feliz. El trabajo en terapia con Jorge tuvo mucho que ver con la asertividad, como os podéis imaginar. El miedo a ser evaluado y la poca seguridad y autoestima que Jorge tenía bloqueaba cualquier intento de conocer gente nueva. A él le apetecía mucho cambiar, pero no se veía capaz de hacerlo. No se veía capaz de ir a una tienda y preguntar por algún producto que quisiera comprar, tampoco de hablar con sus jefes, ni con su ex novia. No se veía capaz de salir una noche y decirle una frase a alguna chica para intentar ligar. Tenía mucha ansiedad sólo de pensar en afrontar cualquiera de estas situaciones, por lo que llevaba evitándolas mucho tiempo.

Las personas que sufren ansiedad ante situaciones sociales (ansiedad social) de una manera muy generalizada e intensa, es decir, en la mayor parte de situaciones y que incluso les llega a bloquear, tienden a evitar estas situaciones. A medida que evitan más y más situaciones van confirmando la creencia de que no son capaces de afrontar situaciones sociales y que nunca van a serlo. Se ponen etiquetas de tímidos, introvertidos, etc., y pueden estar así toda la vida, si no se plantean un cambio. Es verdad que todos sentimos cierto nerviosismo o ansiedad ante situaciones sociales, pero hasta un nivel de intensidad, nos ayuda a estar más atentos y tener más a mano nuestros recursos y habilidades para afrontar mejor la situación. Vamos aprendiendo de las situaciones vividas. Si no, recordad la primera vez que hablasteis con un chico o chica o la primera vez que tuvisteis una relación sexual o la primera vez que hablasteis en público en el colegio o el instituto. Seguro que fueron momentos de nerviosismo. Pero después que hemos pasado por la misma situación varias veces, nos solemos tranquilizar. En las relaciones sexuales las primeras veces también van cargadas de mucho nerviosismo. Nadie sabe muy bien qué hacer y a la vez casi todo el mundo siente que se juega mucho, porque es algo que socialmente tiene bastante importancia en la época adolescente. Es una especie de ritual de madurez. Es lógico sentir nerviosismo porque nunca antes se ha hecho, unos saben más y otros menos pero cada uno tiene sus expectativas de lo que va a ser, y normalmente, estas expectativas distan mucho de la realidad. Muchas veces la gente espera ver fuegos artificiales (lo digo así porque un paciente lo describió así una vez y me gusta mucho esta imagen) y lo que se encuentra es una pequeña fogata, en la que a veces hasta se queman.

Volviendo al caso de Jorge, lo primero que propusimos en la terapia fue hacer una lista de todas las situaciones que pensara que podían costarle afrontar. Él hizo una lista describiendo cada una de esas situaciones que llevaba mucho tiempo sin afrontar o que no se había atrevido a afrontar nunca. Entre estas situaciones se encontraban tener relaciones íntimas con una chica, atreverse a hablar con una chica o expresar información propia a alguna chica. Después le puso un nota, de entre 0 y 10, en función de la ansiedad que le provocara la situación o que él pensara que le podía provocar. Esta es la expectativa, fundada o no, que tenemos de nuestro propio desempeño, cuando nos imaginamos haciendo algo. Y manos a la obra. Se trataba de ir afrontando las situaciones una a una. Primero pensaba que se podía encontrar en la situación y buscaba posibles herramientas para afrontar los problemas que pudieran surgir. Es muy importante en un proceso así, entender que la ansiedad va a estar ahí, pero que poco a poco, a medida que nos enfrentemos se va a ir yendo para dejar paso a la autoestima y la confianza. Al comenzar a afrontar situaciones (empezamos por las más fáciles para él) se iba dando cuenta de que esa idea que tenía de que no era capaz, cada vez se alejaba más, porque efectivamente estaba siendo capaz de hacerlo. Se trata de crearte una nueva realidad y discutir tus antiguas creencias, las que te hacen daño, con los hechos de tu nueva realidad. Por supuesto no siempre salía bien. A veces había que intentar enfrentar la misma situación varias veces, hasta que Jorge iba teniendo menos ansiedad y su desempeño mejoraba. Recuerdo una de las primeras situaciones, era ir a devolver alguna prenda que hubiera comprado en la misma tienda. Jorge nunca había hecho algo así, siempre se había buscado la vida para no devolver nada o para que alguien lo hiciese por él. Se armó de valor una tarde, y fue con los pantalones que había comprado días antes a la misma tienda. Su expectativa de lo que iba a pasar era que la dependienta le preguntaría por qué ya no quería los pantalones y Jorge se había preparado toda una serie de argumentos para rebatirle a la dependienta, lo tenía muy bien controlado. Aun así se puso muy nervioso. Al llegar le dijo a la dependienta: —Venía a devolver estos pantalones, es que no me van— y ahí terminó todo. La dependienta no hizo ninguna pregunta ni le interesó lo más mínimo el motivo de la devolución, simplemente quería acabar pronto la gestión para volver a atender a los clientes que había en la tienda. Jorge se fue de allí muy contento por la meta conseguida y se dio cuenta también de que a veces sus expectativas eran algo exageradas y no le ayudaban a afrontar las situaciones que temía.

Muchas veces tenemos expectativas desproporcionadas de las situaciones que tememos. Yo lo comparo con el monstruo que muchos niños imaginan en sus armarios, cuando son pequeños. Si el niño no mira nunca dentro del armario, cada vez se imaginará el monstruo más grande, más peligroso, con los dientes más grandes y se verá más débil a sí mismo. Los miedos funcionan igual en los adultos. Aquellas cosas que tememos nos las imaginamos más grandes y fuertes que nosotros, y cuanto más nos alejamos de ellas más grandes y fuertes se vuelven y más miedo nos dan. Si nos paramos en seco, nos giramos y miramos aquello que tememos, se vuelve algo más real y más fácil de afrontar por nuestra parte y nosotros nos sentimos con capacidad para afrontarlo.

En el sexo pasa igual, porque como has visto en la segunda parte del libro, donde hablo de personalidades sexuales, el sexo es una prolongación de la personalidad de cada uno con sus propios miedos, capacidades, expectativas, auto-exigencias, libertades y creencias. Por tanto, si aprendes a comportarte asertivamente en el sexo, muchos de tus miedos se esfumarán. Verás cómo aumenta tu autoestima, cómo te sientes más libre y probablemente también se reflejará en otros ámbitos de tu vida. No es una receta mágica pero sí que ayuda y mucho. Ahora la pregunta es ¿cómo lo puedes hacer?

Sé asertivo en la cama

Lo primero de todo para ser asertivo en el sexo es empezar a hablar. La palabra es una de las herramientas de comunicación más potentes que tenemos. Para hablar hay que dar un paso previo, pensar en lo que te gusta y en lo que realmente quieres. También nos comunicamos a través del lenguaje no verbal, diciendo con gestos, insinuaciones, miradas, etc. Es un cambio de actitud. Si nos guiamos por los derechos asertivos de Smith en lo sexual se traduciría en:

1. Tienes derecho a ser tratado con dignidad. Si alguien pasa el límite díselo. No te dejes llevar por lo que crees que deberías hacer. Nunca hagas nada que no desees hacer. Por ejemplo si alguien intenta convencerte para que hagas algo que en ese momento no te apetece díselo, sin miedo a que dejes de gustarle. Si así fuera quizá no valía tanto la pena esa persona como para perder el tiempo.

2. Tienes derecho a expresarte. Di lo que te gusta y cómo te gusta. Esto no quiere decir que sólo tú tengas derecho. El otro también, por eso tendréis que tener en cuenta las necesidades de los dos.

3. Tienes derecho a que tu pareja te tome en serio a ti y a tus peticiones y gustos. Si un día te apetece mucho que te laman los pies, pídelo. Si a tu pareja no le apetece, será responsable de rechazar la petición.

4. Tienes derecho a tomar tus decisiones y decir que NO. Si algo no te apetece dilo y no lo hagas. Hacer cosas que no nos apetecen en el sexo suele generar que el deseo disminuya bastante.

5. Tienes derecho a pedir lo que quieras. Una vez hayas explorado que es lo que a ti te gusta y cómo, permitiéndote jugar, imaginar y fantasear, tienes derecho a pedirlo. También tu pareja tiene derecho a decirte que NO le apetece o no quiere hacerlo.

6. Tienes derecho a cambiar y cometer errores. El hecho de expresar un gusto no te ata para siempre a él. Los gustos van cambiando, igual que las apetencias. Estos cambios forman parte de nosotros, cuanto más los aceptemos más nos aceptamos a nosotros mismos.

7. Tienes derecho a preguntar. Aventúrate a preguntar si lo que le haces le gusta, a preguntar por sus fantasías. Pregunta lo que

quieras. A muchas personas les da vergüenza preguntar pero una vez roto el hielo todo es más fácil de lo que parece.

8. Tienes derecho a no ser asertivo. Muchas veces me ocurre con pacientes, que cuando están aprendiendo a ser asertivos piensan que deben ser siempre asertivos, en cada una de las situaciones de sus vidas. Esto es un error y además imposible. Es una herramienta que se puede utilizar o no dependiendo de la decisión que tomes en cada momento. Seguro que habrá veces que será mejor callar que ser asertivo. Por ejemplo, cuando estás con un chico y ves que no tiene erección. Si fueras asertiva le preguntarías qué le pasa pero seguramente eso le ponga más nervioso y haga que se agobie más. Será mejor no preguntar y simplemente seguir con la relación tranquilamente (entendiendo que la penetración no es lo único). Seguro que todo va bien así.

9. Tienes derecho a decidir qué hacer con tu cuerpo. El límite está en la otra persona. Siempre que las prácticas que se lleven a cabo sean consentidas por las partes implicadas tienes derecho a realizarlas.

10. Tienes derecho a gozar y disfrutar. Muchas veces aprendemos a estar siempre haciendo cosas útiles y nos sentimos mal cuando gozamos de algo. Recupera el derecho a disfrutar. Los momentos que asociamos con emociones intensas son los que se nos quedan en el recuerdo y los que podemos evocar para sentir buenas sensaciones cuando estamos en un momento peor. Así que mi invitación es que disfrutes de tu cuerpo. A que des rienda suelta a tus fantasías y te dediques tiempo. A que descubras tu cuerpo, tus sensaciones y conectes con tu yo más personal.

Empieza a poner en práctica estos derechos y fíjate en si notas algún cambio. En los siguientes capítulos hablaré de las diferentes técnicas sexuales, pero es importante dar este paso previo para que puedas después sumergirte en el aprendizaje de habilidades sexuales concretas.

19

El deseo sexual

¿Os acordáis de Silvia? En el capítulo de la personalidad sexual vergonzosa hablé de ella. Silvia me dijo uno de los primeros días que nos vimos: «Estamos mal. Llevamos mucho tiempo así. Yo ya no tengo ganas de hacer nada en la cama, no me lo paso bien y casi siempre acaba en discusión. Nunca he sentido la pasión de la que todo el mundo habla y creo que debería sentirla en algún momento».

Causas del deseo sexual hipoactivo o bajo deseo sexual

Silvia y Pedro discutían habitualmente. Cuando comenzaron la terapia de pareja, casi a diario, uno de los problemas que tenían, como ya os comenté en el capítulo de la personalidad vergonzosa, es que Silvia tenía expectativas y creencias irreales sobre Pedro. Tenía expectativas en el sexo y en el ocio con Pedro y esperaba que él las cumpliera sin comunicárselas. Además le daba mucha vergüenza hablar de sexo, por lo que era incapaz de comunicarle a su pareja sus fantasías y lo que ella quería en la relación sexual. Cuando tenían una relación, Pedro en seguida pasaba a la penetración y aunque a Silvia todavía no le apetecía pasar a esa fase de la relación, no se lo decía. Desde que empezaban a besarse, hasta que pasaban al coito o penetración pasaban unos tres minutos. Silvia sentía que no era tiempo suficiente porque cuando pasaban al coito no estaba suficientemente excitaba y esto le hacía disfrutar mucho menos. A veces incluso sentía alguna molestia durante la penetración.

En el caso de esta pareja, el hecho de que Silvia tenga pocas ganas o casi ninguna de tener relaciones sexuales, tiene varios factores desencadenantes. Por un lado Silvia había tenido una educación en la que no se hablaba nada de sexo, se evitaba tocar el tema. Además en su familia eran poco cariñosos entre ellos, explícitamente. Esto no siempre funciona igual, pero a Silvia le ha influido en sus relaciones personales. Ella tampoco es muy cariñosa con la gente y siempre le ha costado mostrar sentimientos positivos hacia los demás. En este caso repetía el patrón que había aprendido en casa. Con Pedro le costaba mucho expresarle sentimientos positivos pero sí expresaba los negativos. De esta manera la balanza estaba descompensada porque él recibía sólo los negativos.

Es importante poder aprender a expresar tanto sentimientos positivos como negativos. En la pareja, como en la mayor parte de relaciones personales, tendemos al equilibrio. Es decir, tendemos a devolver lo que nos dan. Por eso es importante saber aportar sentimientos positivos al otro, porque de esta manera el otro tiene la necesidad de devolverlos y se mantiene el intercambio positivo y la pareja. No es lo único que nos mantiene en pareja, pero es fundamental y necesario. Hablo de los positivos porque habitualmente expresamos mejor los negativos, o al menos más.

Silvia y Pedro llevaban tiempo discutiendo de forma habitual, hecho que les había llevado a estar en una situación de tensión constante y a la defensiva a ambos. Esto hacía más difícil el intercambio de cariño entre ellos. Por otro lado Silvia tenía unas expectativas poco realistas de la pareja que tiene al lado y seguía esperando que fuera como ella deseaba y había imaginado y no como realmente era. Pero Silvia no decía nada acerca de estas expectativas a Pedro, ella en el fondo, como muchas parejas, pensaba que él tenía que adivinar lo que ella quería en cada momento, porque eso es lo que hacen las parejas.

Una de las cosas que pasaba cuando tenían una relación sexual es que Pedro iba muy directo al grano, en seguida pasaba al coito, y Silvia no le decía que todavía no estaba preparada o que le apetecía más hacer otras cosas, así que lo hacía. Muchas veces no se lo pasaba demasiado bien, incluso había veces que tenía alguna molestia o dolor durante la penetración.

El hecho de que la pareja esté en medio de una guerra con problemas no resueltos y discusiones habituales puede generar en uno de los dos, o en los dos, bajo deseo sexual, como pasa en este caso. La sexualidad es la manera más íntima de mostrar afecto y cuando en la pareja hay mucho intercambio negativo, puede reducirse el deseo, que es un intercambio positivo. Los intercambios tienden a estar equilibrados, por lo que cuanto menos intercambio positivo hay, menos tiende a haber y viceversa.

También es importante el nivel de satisfacción sexual de la persona en su deseo sexual. Normalmente, a mayor satisfacción, mayor deseo. Es decir, cuanto más disfrutes más ganas tendrás de seguir disfrutando. A veces Silvia había sentido dolor durante la penetración. Esto se debe a que el nivel de excitación no era suficiente y había poca lubricación vaginal. En general, para las mujeres la penetración no es la práctica más placentera, ni mucho menos. Aunque sea la más común y la más habitual, no es la más placentera. Las mujeres tienen la mayor parte de terminaciones nerviosas en el clítoris, en concreto, más de 8000 terminaciones nerviosas de placer. Sin embargo en la vagina no hay prácticamente ninguna. Las que hay son extensiones de las terminaciones nerviosas del clítoris. Más adelante, en el capítulo dedicado al orgasmo, hablaremos algo más del clítoris, ese gran desconocido. El que no haya terminaciones nerviosas en la vagina tiene sentido. Imaginaros como sería el parto si las paredes vaginales fueran tan sensibles, aumentaría muchísimo el dolor, entre otras cosas.

Lo que le pasaba a Silvia es lo que les pasa a muchas mujeres en todo el mundo. La penetración no les genera prácticamente placer, a no ser que haya estimulación de la zona de alrededor del clítoris a la vez. Además si no hay mucha excitación, la penetración puede generar molestia o incluso dolor. Si la relación sexual se basa en la penetración, es muy probable que la mujer no tenga demasiado placer y que le cueste conseguir llegar al orgasmo. Con el tiempo puede provocar que su deseo sexual baje o se inhiba, lógicamente. Sólo un 30% de las mujeres llegan al orgasmo durante la penetración. Por eso es importante ampliar el abanico de prácticas sexuales para conseguir una mayor satisfacción sexual.

Además, la educación sexual juega un papel fundamental en el bajo deseo sexual. Históricamente no se nos ha enseñado a disfrutar del sexo y en el caso de Silvia en concreto, el sexo no era algo que ni siquiera existiera en su familia. El sexo está todavía muy asociado a la culpa, por lo que muchas veces se inhibe el deseo porque la persona no puede sostener tanta culpa.

La importancia de la educación sexual

La educación sexual, como hemos visto en la primera parte del libro, ha sido hasta ahora escasa y centrada en la culpa. Sobre todo para las mujeres. No suele haber mucha educación sexual, ni en las familias, ni en los centros educativos, así que hemos ido aprendiendo el tema de la sexualidad de los medios de comunicación, las películas, series, libros e información que ofrece internet. A pesar de tener a mano mucha cantidad de información, creo que estamos desinformados. Cantidad no es lo mismo que calidad.

Hubo un tiempo que me dediqué a impartir charlas para adolescentes en centros educativos. Se tocaba el tema de la adolescencia, los cambios emocionales y siempre salía la sexualidad en forma de preguntas que ellos me hacían. A pesar de tener a mano todo tipo de información, se movían sobre todo en torno a las expectativas que sus iguales tenían sobre ellos. Al final es cuestión de modas. Si para ser aceptado en un grupo de amigos hay que practicar sexo pues la mayoría acaba haciéndolo. Algunos de ellos me contaban experiencias sexuales motivadas porque sus compañeros no pensaran que era una estrecha o poco hombre.

Vivimos un momento de hipersexualidad en el que la sexualidad más profunda no tiene demasiada importancia y se toma como algo liviano. Hemos pasado al modelo opuesto al que existía hace unos cincuenta años. La mayoría de estos adolescentes desconocían el funcionamiento de su propio cuerpo, a nivel emocional y fisiológico, pero tenían bastante experiencia sexual. Creo que en la mayor parte de las familias todavía no hay una comunicación sexual clara hacia los hijos y tampoco en los centros educativos.

Es importante transmitir información a los hijos sobre la sexualidad y sus implicaciones emocionales y físicas. También sobre los métodos anticonceptivos, el funcionamiento corporal o las posibles consecuencias que se asumen cuando deciden tener una relación sexual. Ser consciente del por qué se está teniendo esa relación sexual y que el motivo no sea por la presión grupal a la que todos nos vemos sometidos en la época adolescente.

En el caso de Silvia su educación había sido prácticamente nula, no se había hablado de sexo y ella había aprendido que era algo a ocultar, ya que en su familia se trataba así. Como puedes ver, la educación sexual es muy importante y está directamente relacionado con el deseo sexual, que está unido profundamente a la idea que tengamos del sexo, si lo vemos como algo limpio, sano y natural o más bien como algo a ocultar y por lo que hay que sentirse culpable. En el segundo caso seguramente el deseo podrá verse afectado.

La buena noticia es que podemos reeducarnos también sexualmente. Una de las tareas que le propuse a Silvia fue empezar a hablar de sexo con su chico para ir perdiendo la vergüenza. Lo hice con un ejercicio muy sencillo en pareja que también te invito a probar. Tengas o no deseo, el hablar de sexo con la pareja puede ser un juego erótico interesante. Para romper el hielo les propuse que escribieran en unos papeles palabras que tuvieran que ver con el sexo: orgasmo, pechos, cuello, clítoris, erección, masaje, etc., puedes poner todas las palabras que se te ocurran. Después pones todos los papeles, unos encima de otros, como si fuera una baraja de cartas, y cada uno coge una hoja, por turnos. Con esa hoja tienes que hacer una descripción de lo que hay escrito y además ponerlo en una frase que empieza por «me gusta». Es posible que si te da vergüenza al principio cueste pero así rompes el hielo y además se caldea el ambiente.

Aumenta tu deseo

Cuando hablamos de deseo sexual hay que tener ciertas nociones para entender qué es y cómo evoluciona. El deseo no es algo que permanezca siempre igual. Va variando a lo largo de la vida. El deseo es el impulso que sentimos hacia el sexo. Como ya comenté en el capítulo primero, el deseo sexual tiene una gran influencia cultural y también tiene influencia hormonal.

Cuando llegamos a la etapa adolescente se empiezan a desarrollar los caracteres secundarios gracias a las hormonas. En los chicos hay una serie de cambios como el crecimiento del vello, el cambio de voz, etc. Y en las chicas también hay un desarrollo físico, aparece la menstruación y por tanto en ambos casos el cuerpo se convierte en fértil. Pero no sólo eso. Aparece el deseo sexual asociado y el interés sexual en los demás. Y a partir de aquí va fluctuando durante toda la vida.

En las relaciones de pareja estables el deseo tiende a disminuir con el paso del tiempo. Del enamoramiento se pasa a otra etapa del amor en la que el deseo, si no se trabaja, se va perdiendo. Uno de los cambios que da lugar a esta disminución del deseo es la convivencia. La cama pasa de ser el lecho de amor donde la pareja se encuentra apasionadamente a un mueble más de la casa.

También aparece otro tipo de vinculación, por supuesto, que puede mantener la pareja a largo plazo pero ya no es la sexualidad. La sexualidad abre paso a la formación de vínculos emocionales que pueden mantenerse sin la sexualidad y que dependen de otras cosas, como el equilibrio entre el dar y el recibir. Las parejas no funcionan sólo por el disfrute sexual pero sin disfrute sexual suelen aparecen problemas asociados. Es importante aclarar este punto para ajustar las expectativas de los que deciden estar en pareja. Esperar que el sexo siempre sea como al principio es esperar demasiado porque como nos pasa con la mayoría de cosas, nos acostumbramos y dejamos de sentir ese deseo pasados los primeros meses o años de relación. La media está entre los dos y tres años de relación aunque también es muy variable. La disminución del deseo sexual en parejas estables tiene mucho que ver con la dificultad de alternar lo cotidiano con lo erótico. Un ejemplo de esta idea es la desnudez. Al principio la desnudez no es cotidiana, nos imaginamos al otro desnudo y aunque no nos excite directamente (o sí) la idea de estar con el otro desnudo es excitante. Pero llega un momento que ver salir de la ducha a tu pareja ya no es un estímulo excitante sino parte de lo cotidiano.

Voy a ofrecerte algunas ideas para aumentar tu deseo sexual. Ten en cuenta que practicarlas no es una obligación para que vaya bien el sexo, pero que está bien, de vez en cuando, poner en marcha nuevas ideas para reavivar la pasión. Igual de importante que esto es entender que los cambios en la sexualidad de la pareja son cambios que van a llegar y que hay que aceptar y afrontar. Que tener una expectativa poco realista puede llevar a conflictos que compliquen la relación. Es decir, que la pareja se va a enfrentar a cambios en su sexualidad y en muchos otros ámbitos de su vida, y darse cuenta de ellos, adaptarse, afrontarlos y verlos es de suma importancia para poder seguir adelante creciendo en la pareja.

A pesar de que vemos muchas recetas para aumentar el deseo, no existe la receta mágica. Consiste en que cada uno tome lo que le vaya bien y lo utilice a su favor. Pero en general el deseo tiene unos mecanismos que, conociéndolos, podemos poner en marcha herramientas para mantenerlo o aumentarlo.

En primer lugar ten en cuenta que el deseo es una cuestión personal. Es decir, que cada uno es responsable de hacerle un espacio a su propia sexualidad. A partir de aquí es más fácil tomar conciencia del propio deseo. Si cargamos a otros con la responsabilidad de nuestro deseo o de nuestro disfrute sexual, va a ser una empresa imposible conseguir aumentar el deseo.

Si tenéis problemas en la pareja es importante resolverlos primero para poder trabajar la sexualidad. A veces las discusiones o la excesiva carga negativa en la pareja inhibe el deseo y es necesario resolver primero los problemas para que la sexualidad aflore de nuevo. Si no sabéis cómo solucionarlos podéis realizar terapia de pareja.

Empieza por conocer tu propia sexualidad. Tómate tiempo para indagar cómo funciona tu cuerpo y en autoexplorarte. En hombres es menos frecuente que en mujeres no haberse masturbado nunca. Si no lo has hecho es el momento. Primero coge un espejito y mira tu zona genital. Explora cuáles son las partes que hay y acepta tu anatomía como una parte más de tu cuerpo, digna de admiración.

En el capítulo sobre masturbación hablaré de técnicas más concretas para llevarla a cabo pero empieza por buscar algún libro erótico, película, etc. Es importante pensar en sexo para aumentar el deseo sexual. Si estas todo el día pensando en problemas laborales y familiares y cuando llegues a casa pretendes ser un salvaje sexual va a ser muy complicado. El cerebro necesita estar relajado para dar paso al disfrute.

Busca situaciones diferentes a las cotidianas. La cotidianidad nos gusta a todos y es cómoda y además está bien para no desgastarnos tanto, saber con algo de certeza cómo van a ir pasando las cosas a lo largo de los días. Pero también es importante, para aumentar el deseo, incluir toques de color en esta comodidad. De vez en cuando, crea una situación diferente un día de la semana. Por ejemplo, si cuando llega tu pareja a casa normalmente estás en pijama y cenáis delante del televisor, cambia de vez en cuando esta rutina y arréglate un poco y prepara una copa de vino. No enciendas el televisor y charlad juntos un rato. Puedes poner algo de música y crear un ambiente más relajado e íntimo que os ayudará a conectar. Si tenéis hijos es más complicado pero siempre pueden buscarse fórmulas para hacer espacio a la pareja de vez en cuando, porque además de ser padres, seguís siendo una pareja y como tal, tenéis necesidades en la pareja. Una de ellas la sexualidad.

Hablad de sexo. Explícale a tu pareja que te gusta y cómo te gusta. Como ya has leído en el capítulo que dedico a la comunicación y asertividad sexual, es importante expresarnos y sentirnos más libres con el sexo para aumentar el placer y el deseo. Además recuerda que cuanto mejor te lo pases más deseo tendrás.

Alarga lo máximo posible los juegos preliminares. También dedico un capítulo a esta importante parte de la relación sexual. Los juegos, por sí solos, también son una relación sexual. Aclaro este punto porque cuando hablo de una relación sexual, hablo de algo más amplio que va desde el deseo hasta el orgasmo, no sólo del coito, que sería la penetración. Sin penetración también hay sexo, también es una relación sexual. Es importante tener claro esto porque me encuentro muchas personas que creen que si no tienen penetración la relación sexual no es válida y realmente no es así. De hecho, como he comentado antes, sólo el 30% de mujeres tienen orgasmos durante la penetración.

Alargar los juegos preliminares significa besar, tocar, mirar, explorar, masajear, oler, etc. Imagina todos tus sentidos en acción y utilízalos. Durante estos juegos las personas van entrando en un estado psicológico de relajación y de dejarse llevar que es necesario para aumentar el disfrute. Y normalmente, con el tiempo, vamos acortando la relación sexual y convirtiéndola en unos pasos previos, casi como un peaje, para llegar a la penetración y el orgasmo (en el mejor de los casos) y conseguir una satisfacción rápida. Si alargas los juegos consigues una mayor excitación y por tanto aumenta el disfrute. No siempre tiene que ser así. A veces una relación sexual corta e intensa es muy satisfactoria pero en la variación está el gusto.

Cuando trabajo el tema del deseo con alguna pareja siempre propongo dejar durante un tiempo la penetración, prohibirla. ¿Por qué? Porque tener sexo sin objetivos, solo por el hecho de disfrutar hace que aumente la satisfacción. También para ampliar el tiempo y la dedicación a los juegos preliminares y sobre todo para aumentar el deseo. El deseo es como una bolsita que se va llenando con ideas, pensamientos, fantasías, hormonas, etc. Y cada vez que tenemos una relación sexual se vacía, teniendo que volver a llenarla. Cuando hay poco deseo cuesta más llenar esa bolsa. Por eso estar un tiempo dedicado a las caricias puede ayudar a aumentar el deseo.

Piensa en sexo y fantasea. Las fantasías son para eso, para fantasear, para imaginar pero también pueden llevarse a cabo. Cuéntale alguna fantasía a tu pareja y pídele que intente hacerla realidad. O hazlo tú mismo. Por ejemplo, si siempre has querido tener una relación sexual en un sitio público, como por ejemplo los probadores de un centro comercial, crea la situación, prepárala y si te atreves, llévala a la realidad. El proceso de pensar en ella, hablarla y acercarte a ella también puede ser muy excitante. No tenemos que llevar a cabo todas nuestras fantasías pero de vez en cuando piensa en alguna y ponte en marcha.

20

La masturbación

La masturbación es una práctica sexual que consiste en estimular las zonas erógenas o los genitales mediante frotación para obtener placer sexual. Es una práctica sexual muy beneficiosa ya que nos permite conocer nuestro cuerpo y nuestra respuesta sexual, además de disfrutar por nuestra cuenta.

En un estudio británico titulado *Prevalence of Masturbation and Associated Factors* se establece una curiosa diferencia entre la masturbación en hombres y mujeres. Los hombres se masturban más cuantas menos relaciones sexuales tienen con otras personas y las mujeres tienden a lo contrario. Se masturban más cuantas más relaciones sexuales tienen. Parece que los hombres utilizan la masturbación como una sustitución del sexo y las mujeres amplían el repertorio sexual a través de la masturbación.

La edad de inicio de la masturbación suele ser la adolescencia aunque está documentado que muchos niños tienen movimientos de frotación con objetos que les provocan placer y cambios fisiológicos como enrojecimiento de cara. Estos episodios suelen provocar una consulta al pediatra por parte de sus padres. Pueden comenzar incluso cuando hablamos de bebés aunque se estudia poco este tema por las dificultades sociales que implica hablar de sexualidad infantil.

Masturbación femenina

Si hablamos de la masturbación femenina las chicas suelen descubrirlo más tarde que los chicos. Todavía hoy es un tabú hablar de ello entre las chicas. Ahora se registran un mayor tanto por ciento de chicas que dicen masturbarse en las encuestas sobre sexualidad, pero todavía no se asemeja al tanto por ciento de hombres que lo hacen y lo dicen. La masturbación femenina consiste en estimular la zona del clítoris, la vagina y las zonas erógenas del cuerpo. Se pueden utilizar las manos, vibradores y productos como lubricantes y potenciadores del orgasmo. Además se pueden estimular las zonas erógenas como el cuello, los muslos, los glúteos y los pechos.

A las mujeres que se masturban les cuesta más compartirlo con otras mujeres o con las parejas. La realidad es que cada vez hay más mujeres que lo hacen y que influye muy positivamente en su salud sexual por muchos motivos. Entre ellos está el propio conocimiento de la respuesta sexual y el darse permiso para disfrutar por una misma. Por supuesto la liberación sexual de la mujer en las últimas décadas ha motivado a esta práctica y la ha descargado de parte de la culpa que lleva asociada. Pero todavía hay muchos bloqueos en las mujeres asociados a la masturbación. La mejor manera de vivirlo en como algo natural para la que el cuerpo está preparado y que genera placer, evitando realizar juicios morales sobre ello. Aun así, a muchas mujeres la masturbación les va a provocar sentimiento de culpa, porque en sus creencias familiares está mal hacerlo.

VIBRADORES

Los vibradores son herramientas particularmente potentes para generar placer sexual. Hoy día existen muchísimas formas, texturas, materiales, colores, tamaños y potencias de estos aparatos y se pueden comprar en tiendas eróticas, sex shops, etc. Existen para todos los públicos, para mujeres y también para hombres heterosexuales u homosexuales. Están muy al alcance de todos. Incluir un vibrador para la masturbación, puede resultar muy agradable, ya que provoca una estimulación de la zona genital y del clítoris que no se consigue de otras maneras. Puede ser un estímulo más y además se puede incluir en las relaciones sexuales en pareja también. Los anillos vibradores, que son anillos que se colocan en la base del pene y estimulan el clítoris a la vez que el pene estimula la entrada de la vagina son muy recomendables para el coito en pareja y también se pueden utilizar para la masturbación. Son pequeños y manejables y con ellos se puede estimular la zona externa de la vulva. Si prefieres un vibrador con el que puedas estimular la zona externa y la vagina, compra uno con forma más fálica. Hay diferentes tamaños y formas. Recuerda que la parte sensible de la vagina son los 5 primeros centímetros desde la entrada, por lo que no suele hacer falta vibradores demasiado largos.

Es curioso que los vibradores fueran inventados como herramienta médica para curar la histeria de las mujeres, a finales del siglo XIX. Se creía, por parte de la comunidad médica, que un comportamiento neurótico que se denominó *histeria*, era generado por la falta de liberación de tensión sexual. Por este motivo crearon los vibradores y trataban a las pacientes de este singular modo.

Existen infinidad de tipos de vibradores, que normalmente vienen programados con diferentes velocidades y dinámicas de vibración. Si vas a comprar uno, te recomiendo que tenga esta opción de variabilidad en la vibración. Hay mujeres que les gusta menor velocidad o más espaciada y otras que mayor. Se puede comenzar con menor intensidad e ir aumentándola a medida que aumenta la excitación sexual e ir jugando con los cambios.

LUBRICANTES

Los lubricantes también han evolucionado mucho y podemos encontrar una amplia gama en el mercado. Es un buen complemento, tanto para la masturbación como para el sexo en pareja. Se dividen en dos clases: los lubricantes con base de agua y los lubricantes con base de silicona. Los más utilizados son los de base de agua pero es cuestión de probar y elegir. Hay que tener en cuenta que algunos lubricantes son incompatibles con los preservativos (los de silicona), por lo que si se van a utilizar a la vez, es necesario asegurarse de que no dañen los preservativos.

Son muy adecuados para aumentar el placer sexual, también durante la masturbación. Existen lubricantes con diferentes efectos, por ejemplo, con efecto calor, que puede aumentar la sensación de calor y placer durante la masturbación. Pueden ser muy útiles también para acompañar a los vibradores, ya que facilita la penetración. Lo ideal es que cada uno experimente con el tipo, la cantidad y el momento de utilizarlos.

Para mujeres que sienten dolor durante las relaciones sexuales es recomendable utilizar alguno. Puede solucionar la molestia, si es debida a una escasa lubricación vaginal, aunque no es así en todos los casos. A veces el dolor se debe a la contracción involuntaria de los músculos de la vagina. Es este caso el uso de lubricantes no es la solución.

Masturbación masculina

En los chicos la masturbación consiste en estimular el pene (glande, frenillo) y las zonas de alrededor, sobre todo el perineo, que es la superficie que va desde los testículos hasta el ano. También puede ser muy placentero estimular el ano, ya que en el interior los chicos tienen un punto de placer intenso. Hay muchos que asocian esta práctica a una práctica homosexual y se niegan a realizarla pero cada vez más, también los hombres, abren su mente a todo tipo de prácticas sexuales. La única regla para realizar esta práctica es tener interés y querer. También pueden utilizar vibradores para estimular el perineo y el ano consiguiendo así un placer extra.

En general para hombres y mujeres la masturbación es una práctica muy positiva y sana porque ayuda a tener más facilidad para conseguir el orgasmo en pareja. Al saber lo que nos gusta, podemos pedírselo a la pareja. Además ayuda a liberar estrés y también puede ayudar a crear fantasías sexuales y después ponerlas en práctica en pareja o simplemente disfrutar de las fantasías propias y recrearse en ellas.

Mitos sobre la masturbación

Existen muchos mitos que todos conocemos. Su origen está en una publicación de 1758 llamada *Onanismo, tratado sobre las enfermedades producidas por la masturbación,* de Simón Auguste David Tisot. En su libro, enumeraba varias enfermedades asociadas a la masturbación, que se han ido desmintiendo con el paso del tiempo pero que todavía hoy podemos escuchar. Por ejemplo, la aparición de granos en los chicos, la pérdida de capacidad reproductiva del semen o que masturbarse es exclusivo para solteros. Algunas personas creen que si se tiene pareja, masturbarse no es compatible ni necesario. Le dan un significado negativo a la masturbación, si la pareja se masturba significa que ya no se siente atraída por la otra persona. Se trata de una idea más extendida entre las mujeres, aunque a los hombres también les ocurre. Sin embargo, se sabe que la masturbación es totalmente compatible con tener relaciones sexuales en pareja, son dos prácticas sexuales diferentes y complementarias. Igual que a veces apetece salir a dar un paseo solo y otras veces con la pareja.

21

Los preliminares

Los preliminares son los juegos sexuales previos al coito o penetración. Suelen ser más importantes para las mujeres que para los hombres, ya que las mujeres, en general, necesitan más tiempo para conseguir estar excitadas y preparadas para el coito que los hombres. Pero hay que tener en cuenta que si aumentamos el tiempo y la calidad de los preliminares los dos disfrutarán más de la relación sexual. Los juegos preliminares tienden a acortarse a medida que las relaciones avanzan. Es como una danza que cada vez se torna más esperable para los dos miembros de la pareja y van perdiendo el interés en bailarla.

Si observamos nuestro comportamiento social, no es más que una repetición de conductas compulsivas que todos tenemos: buscamos el refuerzo rápido, el placer instantáneo. No nos paramos en los procesos, no disfrutamos de los caminos. Compramos al salir de trabajar para calmar la ansiedad o comemos comida rápida para encontrar esa sensación reconfortante que nos aporta, aunque sepamos que son conductas que nos perjudican a largo plazo. Con el sexo pasa lo mismo. Buscamos el placer rápido, acortando los juegos preliminares. Ponemos como objetivo de la relación sexual el orgasmo y el camino es un mero trámite para conseguirlo. El cambio aquí pasa por darnos cuenta del gran abanico de posibilidades que existen y en las que se puede parar y disfrutar. Sin objetivos. Sin metas. De esta manera los juegos preliminares cobran de nuevo protagonismo y se convierten en un camino de descubrimiento, conexión y excitación.

Detente en los juegos preliminares

Dentro de los juegos preliminares existen tantas posibilidades como se puedan pensar, pero puedes seguir estas pautas para centrarte en ellos y descubrir nuevas posibilidades:

- Retrasa el coito y céntrate en los besos y las caricias sin un objetivo concreto. El único objetivo es descubrir zonas erógenas y explorar sensaciones. Las mujeres recibimos la excitación a través del sentido del tacto sobre todo. Los hombres, sin embargo, utilizan más el sentido de la vista. Teniendo en cuenta estas diferencias podéis explorar nuevos juegos para vosotros y para vuestra pareja. Habrá ocasiones que acabéis en coito y otras que podéis acabar con cualquier otra práctica sexual. No es necesario siempre incluir el coito en las relaciones sexuales.

- Utiliza elementos nuevos de vez en cuando. Existen infinidad de juegos que puedes comprar o que puedes inventar. Puedes utilizar masajeadores, aceites para estimular todo el cuerpo de la pareja, vibradores. También existen cremas estimulantes que ayudan a potenciar la excitación de las diferentes zonas del cuerpo. Utiliza comida, fruta, chocolate, etc. para darle un punto diferente a la relación.

- Piensa que los juegos se pueden convertir en la parte más excitante de la relación sexual, ya que aquí entra en juego la imaginación y el erotismo. Se puede trabajar también con el ambiente, creando un espacio íntimo, agradable y sensual que potencie las sensaciones.

- Los juegos preliminares pueden comenzar incluso horas antes, por ejemplo, con algún mensaje a tu pareja de contenido erótico, una fantasía compartida o una cita en un bar como dos desconocidos.

- Durante los juegos dile a tu pareja lo que te gusta y cómo te gusta y de esta manera os iréis conociendo más en el plano del erotismo y desarrollareis vuestro potencial sexual.

El beso

Somos el único animal que besa. Si nos comparamos con el resto de animales mamíferos con reproducción sexual, los labios de los humanos son mucho más grandes y están mucho más desarrollados que cualquiera de ellos. Además tienen forma prominente para facilitar el beso y en ellos hay infinidad de terminaciones nerviosas.

Los besos desencadenan una respuesta hormonal y emocional muy potente. Por ejemplo, se sabe que reduce los niveles de estrés rebajando el cortisol, y en el caso del hombre aumenta los niveles de oxitocina, hormona encargada del apego, entre otras cosas. También se disparan las endorfinas, hormonas que generan bienestar (las mismas que se disparan después de realizar deporte). Aumenta la adrenalina, la presión sanguínea, se acelera el ritmo cardíaco y la respiración, provocando una sensación de más energía. La saliva de los hombres contiene testosterona, por lo que un beso largo y apasionado puede incrementar el deseo en las mujeres. El beso además desencadena la segregación de dopamina, hormona que aumenta la sensación de placer.

Hay investigaciones que hablan de que durante el beso detectamos, a través del olor, a parejas potencialmente compatibles genéticamente. Otras que dicen que practicamos el beso porque es una reminiscencia de la lactancia materna. Pero la realidad es que el beso es una de las prácticas más placenteras a nivel sexual y que, por sí mismo, desencadena una gran conexión emocional entre los que se están besando. Las parejas suelen olvidarlo con el paso del tiempo. Por eso os invito a salir, como cuando estabais empezando, y dedicaros a charlar y besaros, sin más. Suele ser muy agradable y generar una sensación de novedad, excitación y conexión íntima.

22

Las fantasías sexuales

Es completamente normal tener fantasías sexuales y, además, es muy sano. Nuestra sexualidad necesita de fantasías nuevas, llevadas a la práctica o no, para mantener la libido activa. El problema aquí suele venir de la implicación moral de las fantasías. Vivimos en una sociedad en la que hay prácticas sexuales buenas y malas. Además, cada uno viene de una familia de origen en la que la sexualidad se ha vivido de manera diferente. Por lo que es complicado saber hasta qué punto cada uno se siente mejor o peor con las fantasías sexuales que tiene. La realidad es que las fantasías están en todos nosotros y si uno intenta no pensarlas, todavía se piensan más, así que mejor darse permiso para pensar en ellas. Después se pueden llevar a la práctica o quedarse en fantasías.

Hay fantasías muy recurrentes como sentir la urgencia de hacer el amor con la pareja en cualquier lugar, imaginar que se es infiel con el compañero o la compañera de trabajo, visualizarse teniendo relaciones sexuales en un paraje maravilloso, hacer el amor con el riesgo de ser pillado, tener relaciones sexuales que tengan que ver con el *bondage* (atar a la persona y partes de ella, amordazar, vendar ojos), el sadomasoquismo, etc.

A veces las fantasías desencadenan dudas en la persona que las tiene. Imaginarse teniendo una relación homosexual, ser sometido, participar en orgías, etc. La mente es increíblemente potente y es capaz de imaginar, con todo lujo de detalles, algo que no está pasando y sentir una parte de aquello que imagina. Por eso es muy importante dejar que las fantasías nos atrapen, de vez en cuando, y aprender a recrearse sin realizar un juicio moral sobre el contenido.

Para las mujeres, tener fantasías sexuales suele ser signo de una buena satisfacción sexual. Para los hombres es algo muy cotidiano. Los hombres se permiten y aceptan más las fantasías, aunque hombres y mujeres tienen la misma capacidad de tener fantasías sexuales.

Hay muchos mitos asociados a las fantasías sexuales. Uno de los más extendidos en las parejas es la confusión entre fantasías e infidelidad. A muchas personas les da miedo que sus parejas tengan fantasías porque creen que significa que ya no se sienten atraídas por ellos o por ellas o que están pensando en hacer todas esas cosas que imaginan con otras personas. Igual que muchas veces fantaseamos con que haríamos si nos tocase la lotería, dónde iríamos, con quién, a que nos dedicaríamos, etc., y tenemos una sensación buena durante ese rato, fantasear con una relación sexual también genera esa misma sensación y no tiene por qué implicar que se quiera menos a la pareja. Pertenece al ámbito personal de cada uno y es importante aprender a respetarlo y dejarlo fluir.

Fantasear nos ayuda a vivir cosas que en la vida real no serían posibles y que probablemente no haríamos. Por ejemplo, es muy recurrente fantasear con tener una relación homosexual aunque no lo llevaríamos a cabo si nos lo proponen. En definitiva, las fantasías sexuales están ahí simplemente para imaginarlas y para aportarnos placer. Déjate llevar por ellas de vez en cuando, y no te sientas culpable porque todo el mundo las tiene. No las juzgues, simplemente son así.

Seguramente muchas de las fantasías sexuales que tenemos, no las llevaremos a cabo. Pero algunas podemos compartirlas con la pareja y ponerlas en prácticas alguna vez.

¿Cómo proponer nuestra fantasía a la pareja?

Con total naturalidad, si quieres ponerla en práctica lo mejor es explicársela con todos los detalles posibles para que participe y tenga ganas de cumplirla contigo. Si tu pareja está de acuerdo, ya podéis poneros manos a la obra. Dedicadle tiempo y recrearos en los detalles. El tiempo que estéis compartiéndola también disfrutareis del deseo compartido y de la expectativa. No tengáis prisa por hacerla realidad. Este tiempo puede resultar muy placentero.

Si quieres ayudar a crear fantasías en tu imaginación puedes investigar en novelas o películas para fantasear también con situaciones que te provoquen deseo. Existen muchos libros, películas, cuentos e imágenes que pueden ayudarte a crear tus propias fantasías.

23

Fetiches y BDSM

Fetichismo

En el capítulo 14 del libro ya hablé un poco del fetichismo. Hace tiempo tuve un paciente con fetichismo patológico. Lo que le ocurría era que durante toda la vida su única fuente de excitación habían sido los zapatos, y en concreto, lamer la suela de los zapatos de mujer. Para él no había sido un problema, porque no había tenido pareja estable y de vez en cuando, acudía a personas que le proporcionaban este placer. Había vivido así su sexualidad y no le resultaba ningún problema. El problema llegó cuando encontró una pareja estable y a ella no le gustaba esta práctica. Era algo más que no gustarle, no la entendía y le provocaba rechazo y asco. Había intentado cumplir con los gustos de él, pero no disfrutaba y en el fondo lo veía como algo extraño. Cuando llegaron a consulta, no habían conseguido acoplarse sexualmente porque él no conseguía excitarse de otra manera que no fuese chupando la suela de los zapatos de ella.

En este caso estaríamos hablando de fetichismo patológico. El fetichismo patológico está dentro de las llamadas parafilias, que son disfunciones sexuales. Para que sea fetichismo patológico (según manual diagnóstico DSM-V) debe cumplir varias características. El deseo sexual hacia el objeto (objetos inertes o áreas no genitales) ha de ser intenso y continuo durante al menos 6 meses y debe causar malestar clínicamente significativo. En este caso no había causado malestar hasta que el paciente había tenido una pareja. Ahí empieza el problema porque no pueden conseguir que su sexualidad funcione.

Hablo del fetichismo de zapatos porque es uno de los más habituales. La fascinación por los pies ha estado muy presente a lo largo de la historia y en diferentes culturas. Existen muchas representaciones de la Antigüedad en las que los pies cobran mucha importancia. También aparecen en muchas posturas del Kamasutra y en diferentes culturas. Por ejemplo en China se vendaban los pies de las niñas para que se mantuviesen pequeños, como símbolo de belleza femenina y los griegos, consideraban que tener el segundo dedo más largo que el pulgar era símbolo de masculinidad. En la actualidad hay culturas en las que en lugar de utilizar el beso como símbolo de intimidad sexual y acto de excitación sexual, tocan uno de los dedos del pie de su pareja.

Cualquier objeto puede convertirse en fetiche sexual. Hay muchas teorías que hablan de que los fetiches se asocian a la excitación sexual durante los primeros contactos sexuales, que suelen ser a través de la masturbación. Estaríamos hablando de condicionamiento clásico (el famoso perro de Pavlov). El condicionamiento clásico postula que asociando dos estímulos en varias ocasiones, al final el estímulo que era neutro en un principio, acaba generando la misma respuesta que el estímulo al que se asocia. Por ejemplo, imaginaos que un adolescente está enamorado de su profesora de matemáticas en el colegio (algo bastante típico) y le encantan los zapatos que lleva y el ruido que hacen. Al masturbarse piensa en sus zapatos y se recrea en ellos para conseguir excitarse y para aumentar su placer (ya sabemos que la imaginación es muy importante en el sexo). Este chico puede asociar los zapatos a la excitación sexual (los dos estímulos quedan condicionados) y en el futuro es muy posible que la evocación de los zapatos, le excite sexualmente. No siempre ocurre de esta manera pero las primeras relaciones sexuales son el aprendizaje más temprano y tienen mucho peso en la sexualidad adulta.

Más allá del fetichismo patológico todos somos algo fetichistas. El límite entre el fetichismo patológico y el fetichismo «normal» es algo difuso, así que mientras no sea un problema para la persona que lo lleva a cabo y no haga daño a nadie, es completamente sano. El fetichismo es una peculiaridad erótica que gusta a mucha gente y es positivo dejarse llevar por este tipo de gustos ya que generan más deseo sexual y estimulan la imaginación. Hemos hablado de las fantasías sexuales en el capítulo anterior. En muchas fantasías pueden aparecer objetos fetiches o partes del cuerpo que también se pueden convertir en fetiches y que potencian el deseo de la persona que se deja llevar por ellas. Por ejemplo, un reloj, la ropa interior, el cuello, unas esposas, una minifalda o unas medias.

BDSM

BDSM son las siglas de *Bondage*, Disciplina y Dominación, Sumisión y Masoquismo. Todas estas prácticas también estarían dentro de las parafilias según el DSM-V siempre y cuando cumplan la condición de ser dañinas o generar malestar para la persona o para los demás. Este es el límite entre lo que serían prácticas sexuales y parafilias, que serían trastornos sexuales. Existen muchos otros tipos de parafilias, podemos encontrar en la literatura más de 100 tipos, aunque algunas de las más conocidas son la zoofilia (animales), voyeurismo (mirar) o el exhibicionismo (mostrarse desnudo en público).

Algunas de las prácticas más habituales son las que engloba el BDSM. En la actualidad están de moda debido a la publicación de libros (sobre todo la trilogía de Grey) y películas para todos los públicos que describen muchas de estas prácticas.

Bondage

El *bondage* es una práctica sexual que tiene que ver con atar o ser atado a una persona vestida o desnuda. Se puede atar todo el cuerpo o parte de él y puede resultar una práctica muy provocadora y morbosa para las personas que decidan hacerlo. De hecho, en una fantasía sexual muy frecuente en las mujeres imaginar que somos atadas y nos tenemos que dejar llevar por los impulsos de la pareja. Para los hombres también puede ser una fantasía sexual muy atractiva, porque les suele gustar llevar las riendas de la relación sexual. Como hay gustos para todo, es algo que puede también no gustar, pero yendo más allá de la posible connotación machista que algunas personas puedan ver en esta práctica, puede resultar muy excitante llevarla a cabo de vez en cuando.

Disciplina y dominación

La disciplina y la dominación son prácticas sexuales en las que se introduce el dolor como fuente de placer y se suelen utilizar elementos para flagelar al otro. Por ejemplo un bastón, un cinturón o un látigo. Son prácticas sexuales que pueden convertirse en parafilias cuando generan un malestar en la persona y son exclusivas o se practican de manera obsesiva. Pero pueden ser prácticas muy excitantes y completamente sanas, que cada uno puede incluir en su propio repertorio sexual. De hecho, a la mayoría de personas les gusta, de vez en cuando, recibir algún azote o un estímulo un poco doloroso durante la relación sexual. Los receptores cerebrales para el dolor y para el placer están muy conectados y tienen mucho que ver, por eso a veces el dolor puede provocar placer. Existen infinidad de objetos que puedes utilizar para ponerlo en práctica si tanto a ti como a tu pareja os apetece. En las tiendas eróticas se venden artilugios como pequeños látigos que provocan un dolor muy leve y que se pueden utilizar también para acariciar y hacer cosquillas. Como en todo lo que tiene que ver con la sexualidad, lo más importante es hacer lo que a cada uno le apetezca y dejar fluir la imaginación sin juicios, siempre y cuando no se haga daño a nadie.

Sumisión

La sumisión también es una práctica sexual minoritaria y puede ser una parafilia. Normalmente se practica en lugares dedicados a ello. Se trata de comportamientos en los que uno asume el papel de sumiso y el otro de dominador, y estos roles provocan excitación sexual. No tiene por qué haber contacto físico. Hay personas que lo realizan durante un tiempo y asumen este rol para pasar un rato excitante o personas que lo mantienen como forma de relacionarse entre ellas. En la trilogía *50 sombras de Grey* es una de las prácticas sexuales que mantienen los dos protagonistas y que lo llevan a su vida cotidiana, siendo el protagonista el dominador y la chica la dominada. El hecho de acatar órdenes puede resultar excitante. Por supuesto debe ser algo pactado entre ambos como práctica sexual y no confundirse con su realidad, ya que como forma de mantener una pareja no suele funcionar y puede traer muchos problemas.

Masoquismo

El masoquismo es también una práctica sexual minoritaria en la que las personas que lo realizan, obtienen placer sexual a través de ser víctima de actos de crueldad o dominación. Aquí es necesario sufrir dolor físico para obtener placer y los límites en la condición de no ser dañado y no dañar al otro son más fáciles de traspasar. El antónimo de masoquismo sería el sadismo, que es llevado a cabo por la persona que propina el dolor al otro.

Todas estas prácticas sexuales tienen en común que se trata de prácticas poco habituales y que a veces son mal vistas. Sin embargo, están en la naturaleza humana y se practican mucho más de lo que algunos creen, por lo que es importante saber algo más de ellas. De hecho, la mayoría de personas, en mayor o menor medida, han realizado algún tipo de práctica dentro del fetichismo o el BDSM sin etiquetarse como malvados o sucios. Mi recomendación es siempre que cuanta más riqueza sexual, más tiempo y mejor disfrutaréis del sexo. La riqueza nace de la diversidad y de la fantasía, por lo que es importante dejarse llevar e intentar quitarse de la cabeza creencias y limitaciones que tienen que ver con la moralidad. Cuando el sexo es mirado como sucio o perverso pierde gran parte de esta riqueza. Siempre que no hagamos daño ni nos los hagamos a nosotros mismos, todo es recomendable.

24

El sexo oral y el sexo anal

Aunque parezca mentira también en el sexo oral existen muchos mitos irreales. Voy a intentar daros una visión amplia del sexo oral y del sexo anal y de cómo practicarlos satisfactoriamente.

El primer lugar hablaré del sexo oral. Si comparamos ambos tipos de práctica sexual, el sexo oral está más a la luz y mejor visto que el sexo anal. Esto tiene varias explicaciones. Tiene que ver con que el sexo anal ha estado prohibido mucho tiempo en muchos lugares del mundo, incluso castigado con la pena de muerte. Sobre todo estaba asociado a la prohibición de las relaciones sexuales entre personas del mismo sexo. De hecho, la homosexualidad, fue descrita en el manual diagnóstico psiquiátrico americano (DSM) como un trastorno sexual hasta hace unos 40 años. Como veis, el sexo anal es una práctica que se ha incluido como «normal» hace relativamente poco tiempo, por eso todavía sigue arrastrando mitos y connotaciones negativas.

Sexo oral a ellos

La idea que tenemos de cómo practicar sexo oral es la que sacamos de las películas porno. En general, este tipo de películas, distan mucho de las prácticas sexuales que tiene la gente. Pero claro, todos necesitamos modelos sobre los que crear nuestra propia manera de funcionar así que, nos hacemos a la idea de que practicar una felación debe ser de la siguiente manera: poner cara de actriz porno, sacar mucho la lengua para que él la vea bien, hacer movimientos muy intensos desde el principio con la boca y con la mano y que él eyacule en tu cara. Pero intentemos ir más allá. Los hombres también tienen diferentes sensibilidades y diferentes días y a cada uno le puede gustar el sexo oral de una manera diferente.

Aquí os explico mis recomendaciones para practicar sexo oral a ellos:

- Empieza con suaves caricias en la zona de alrededor de los genitales y en el pene. No tengas prisa, crearás expectación en él y le darás tiempo para disfrutar. Es verdad que los hombres se suelen excitar rápidamente, porque utilizan el sentido de la vista sobre todo pero también les gustan las caricias y la expectación.

- Observa sus reacciones, su lenguaje no verbal. También puedes pedirle que te vaya guiando para que sepas cómo le gusta.

- Puedes probar varias formas de lamer e ir viendo sus reacciones. Aumenta o disminuye la presión que ejerces con los labios o succiona levemente creando algo de vacío en la boca.

- Céntrate en disfrutar tú también de lo que estás haciendo. Puede ser una experiencia muy excitante para ti. Si no te apetece no lo hagas. Es fundamental no hacer nunca nada que no nos apetezca en el sexo.

- Puedes hacer paradas en la estimulación y seguir con ella o cambiar a otra práctica sexual. Intenta que no sean muy largas pero lo suficiente como para provocarle expectación.

- Puedes añadir a la estimulación con la boca también la estimulación con la mano para aportar diferentes sensaciones y cambiar la intensidad.

- La zona perineal (la que está entre los testículos y el ano) es una zona sensible para los hombres. Prueba a estimularla haciendo presión o acariciándola.

- A la mayoría de chicos no les gusta nada sentir los dientes durante la felación así que intenta mantenerlos ocultos tras los labios.

- A la hora de la eyaculación pídele que te avise y tú decides, si quieres que eyacule en tu boca adelante. A ellos les suele gustar mucho. Buscad la manera de la que ambos disfrutéis.

- Para cambiar puedes utilizar algunos alimentos como aliciente y ponerlos en el pene, o probar con diferentes lubricantes. Os puede aportar una sensación diferente pero agradable y excitante.

Sexo oral a ellas

También en el sexo oral a ellas la imagen o las ideas que se tienen antes de adentrarse a practicarlo son las que aparecen en las películas porno. Es muy habitual que se exagere la estimulación, ya que la mayoría de cine porno está más pensado para el público masculino que para el femenino.

Todavía hay muchas mujeres que sienten vergüenza de enseñar sus genitales, y más en primer plano, como ocurre durante el sexo oral. Este es un tabú que todavía mantenemos, mostrar la vulva. Estamos poco acostumbradas a mostrar nuestros genitales desde pequeñas. Los niños lo están más y es más habitual que hablen del tipo de pene que tienen, que comparen y en definitiva, que el pene sea un tema habitual, sobre todo en la adolescencia. Sin embargo, en la adolescencia de las chicas, prácticamente no se habla de que tipo de vulva tienen. En el momento actual la moda son las vulvas muy pequeñas en las que no se aprecian prácticamente los labios menores. Esta tendencia también viene de las películas porno o eróticas y puede dar lugar a que las mujeres se vean a ellas mismas como raras, si no tienen una vulva que más parecería de niña que de mujer.

TIPOS DE VULVAS

Existen diferentes tipos de vulvas. Cada una puede ser totalmente diferente a otra. Cambian en todas sus estructuras: el clítoris, los labios mayores y los labios menores. Los labios menores son los que están más cerca de la vagina y los labios mayores son los más exteriores. Pueden variar en color, forma y tamaño. El clítoris es la estructura que sobresale entre los labios menores, que tiene el mayor número de terminaciones nerviosas y que también puede ser más o menos grande y variar en su forma. Cada parte de la vulva puede ser diferente, por lo que las combinaciones son muchas. Se pueden tener unos labios mayores más grandes o más pequeños y a su vez unos labios menores que sean totalmente diferentes a los mayores. Los tonos de la piel de los genitales femeninos varían desde el rosado hasta el color más marrón oscuro.

Existen varias formas de clasificar las vulvas que se pueden resumir en los siguientes tipos:

- Vulva en forma de beso: los labios menores son muy pequeños y quedan cubiertos por los labios mayores. Este tipo se parecería más al modelo que actualmente está de moda. Se llama así porque parecerían unos labios de boca, puestos en vertical, dando un beso.

- Vulva en forma de mariposa: los labios menores tienen un tamaño mayor y sobresalen por encima de los labios mayores, quedando a la vista.

- Vulva en forma de abanico: los labios menores también sobresalen por encima de los mayores pero tienen forma ondulada.

- Vulva en forma de cisne: el clítoris sobresale más, quedando más expuesto, por encima de los labios menores. Se trata de un clítoris de mayor tamaño.

Esto serían cuatro tipos de vulvas muy generales pero hay muchas otras combinaciones dependiendo de la variabilidad en el tamaño y forma de sus diferentes partes. Todas ellas tienen la misma capacidad de recibir y dar placer pero es necesario previamente que cada mujer conozca la suya, la acepte y la vea bonita y agradable. De esta manera es más fácil mostrarla y sentirse tranquila, durante el sexo oral y también durante el resto de prácticas. Me he encontrado con muchas mujeres que nunca miran sus genitales y que desconocen la forma y las estructuras que tienen. Mi recomendación fundamental es mirarla y descubrir cómo es cada una a nivel genital.

LA PREOCUPACIÓN POR EL OLOR

Otro tabú importante en el sexo oral a ellas es el olor. Nos bombardean con anuncios que hablan de cómo eliminar el mal olor durante la menstruación y creo que hemos extrapolado el tema del olor al día a día. También existen productos para eliminar el olor de los genitales de la mujer (jabones, toallitas, etc.) y sin embargo no existe este tipo de producto para el hombre. No digo que el tabú venga de aquí, pero es una muestra de que existe y de que hay que hablar de él para eliminarlo.

He tenido varias pacientes que no practican sexo oral por la preocupación de que a sus parejas les parezca que sus genitales huelen mal. Este tipo de preocupaciones tienen que ver con que en la actualidad vivimos en un momento social de excesiva limpieza. Hace 50 años, por ejemplo, la ducha diaria era algo totalmente exagerado y ahora es la limpieza mínima que la mayoría asumimos como normal. Pero la realidad es que las personas tenemos un olor propio que en un nivel más primario, aporta información genética a los demás e incluso sirve como vehículo de atracción sexual. Ahora mismo no es tan importante porque el olor personal se tapa con jabones, desodorantes, perfumes e infinidad de productos similares. Los genitales también tienen un olor característico, que no tiene que confundirse con mal olor. Cada persona tiene su propio olor y en los genitales también hay estas diferencias. Si te preocupa el olor, lo mejor es que tengas en cuenta todos estos factores y que te lo pongas lo más fácil posible. Por ejemplo, antes de recibir sexo oral, puedes darte una ducha y de esa manera estar más tranquila.

CLAVES PARA EL CUNNILINGUS

Para hacer un buen cunnilingus es importante tener en cuenta lo siguiente:

- Lo primero que aparece en las películas porno es el hombre lamiendo el clítoris directamente. Lo mejor es lo contrario, no estimular el clítoris en ningún momento directamente porque puede ser incluso molesto. Como ya he comentado, es la zona genital con más terminaciones nerviosas, por lo que una estimulación directa puede resultar desagradable.

- Se puede empezar por la zona de alrededor, incluyendo los muslos, las piernas, la cintura, etc. Una vez se empieza a estimular la zona genital, lo mejor es comenzar por los labios mayores y el monte de venus e ir de la zona exterior hacia adentro.

- La intensidad y los movimientos dependen de cada mujer y de cada momento de la excitación. Es importante que la mujer controle los movimientos que quiere. Para ello puede coger la cabeza del hombre y guiarlo.

- Puedes estimular la vagina con los dedos o con algún vibrador a la vez. La parte sensible de la vagina son los primeros 5 o 7 centímetros por lo que no hace falta que la penetración sea profunda.

- Los aceites o lubricantes pueden ayudar facilitando sensaciones y aportando aromas. Puedes usar alimentos como el chocolate, la nata o mermeladas. La imaginación es importante también en el sexo oral.

- Para la estimulación del clítoris recomiendo que la mujer guíe al hombre cuando llegue el momento. Es mejor esperar a que la mujer lo pida que molestar con una estimulación demasiado directa. También hay que controlar la intensidad de la presión y la frecuencia de los movimientos y para que no resulten molestos. En la medida que se vayan conociendo él aprenderá a hacerlo de la manera que a ella le guste.

- Durante el orgasmo hay que mantener la estimulación, aunque puede llegar un momento que la sensación sea de molestia. Si la mujer quiere, se puede continuar para conseguir varios orgasmos. O se puede continuar con otra práctica sexual, la relación sexual no tiene por qué acabar aquí.

- Igual que en la felación, en el cunnilingus la presencia de los dientes suele ser desagradable, así que mejor mantenerlos guardados.

- Soplar levemente los genitales puede ser agradable pero hay que tener cuidado con no soplar directamente en la vagina porque el aire se puede introducir y ser desagradable.

Tanto en la felación como en el cunnilingus existe riesgo de contagio de enfermedades de transmisión sexual. El contacto de la saliva con el flujo seminal o vaginal es un camino para el contagio de enfermedades por lo que es importante protegerse también. Existen métodos barrera para practicar el cunnilingus y el preservativo para la felación.

Sexo anal

Empecemos también hablando de los mitos o tabúes del sexo anal, que no son pocos. La gente no habla en sus grupos de amigos y amigas de sexo anal. Es un tema poco investigado, ya que hasta hace relativamente pocos años estaba asociado únicamente a las relaciones sexuales homosexuales y la homosexualidad está casi empezando a normalizarse del todo (recordad que hasta los años setenta era considerado un trastorno mental). Se trata de una práctica que cada vez gusta a más parejas, homosexuales y heterosexuales, y que se está convirtiendo en una práctica muy interesante para muchas personas.

Existen estudios que hablan de que el 46 por ciento de mujeres norteamericanas de entre 25 y 29 años han practicado sexo anal y el rango va decreciendo a medida que la edad aumenta, llegando al 21 por ciento en personas de a partir de 60 años. Aun así no es una práctica minoritaria (como los fetichismos o el bdsm) sino una práctica bastante habitual.

En el caso de los hombres, la penetración anal (recibida) suele resultar placentera por la estimulación interna de la próstata. Muchos hombres heterosexuales no lo prueban por estar asociado a la homosexualidad, pero también hay cada vez más que añaden esta práctica a sus relaciones sexuales o incluso a la masturbación (por ejemplo, introduciendo un dedo o un vibrador en el ano a la vez que estimulan su pene).

En las mujeres, el placer físico del sexo anal es debido, en gran parte, al morbo que rodea este tipo de prácticas sexuales. Pero también alrededor del ano hay fibras sensoriales que pueden provocar un intenso placer e incluso llegar al orgasmo. Esto es posible porque el ano está conectado a algunas de las fibras del clítoris, aunque no en todas las mujeres.

A muchas personas les da miedo tener sexo anal porque puede doler. Para practicar sexo anal es importante ir poco a poco. No se puede pretender tener un coito igual al que se tiene a través de la vagina, desde el principio. En primer lugar recomiendo comprar una crema lubricante dilatadora (sex shop) y comenzar introduciendo un dedo, después dos para ir dilatando el ano y asegurar que no haya dolor o que el dolor es tolerable. Hay varios músculos alrededor del ano. Algunos de ellos los podemos relajar voluntariamente, pero otros se relajan a la vez que los músculos del resto del cuerpo. Por eso también es importante estar cómodos y hacerlo con tiempo y confianza. Después se puede introducir el pene buscando una postura en la que la chica este cómoda. Si duele, es mejor parar o continuar despacio, siempre y cuando el dolor no sea muy elevado.

También es importante cuidar mucho la limpieza y utilizar preservativo ya que hay riesgo alto de contagio de enfermedades de transmisión sexual. Si se está utilizando un preservativo para el sexo anal, hay que cambiarlo para practicar sexo vaginal, ya que se pueden quedar bacterias que causen algún tipo de infección en la vagina. Si no se está utilizando también es conveniente lavar el pene para cambiar de práctica sexual.

Aunque menos conocido, también existe el sexo oral anal llamado anilingus (o beso negro). Consiste en practicar sexo oral en la zona del ano. Puede resultar muy placentero para hombres y mujeres. Para realizar esta práctica es primordial también mantener una buena higiene para evitar el contagio de enfermedades y utilizar métodos barrera (por ejemplo un preservativo abierto a modo de barrera entre la boca y el ano).

25

El estrés y las relaciones sexuales

El estrés es el principal freno para las relaciones sexuales. Cuando estamos estresados por diferentes razones, es más difícil concentrarnos en el sexo y conseguir desconectar para poder disfrutar, aunque si se consigue, puede ser una buena manera de relajarse. Hay un nivel de ansiedad o estrés que es totalmente sano y que ayuda a estar más concentrados y más alerta en nuestras tareas del día a día, reuniones, trabajo, estudios, etc. Pero la línea que se cruza cuando nos sentimos más desbordados es muy fina y es fácil para todos alcanzarla. Es entonces cuando dejamos de disfrutar del sexo o cuando, aunque lo intentemos, no somos capaces de dejarnos llevar.

Uno de los problemas principales que me encuentro con los pacientes que acuden a terapia es el estrés que supone la vida diaria: hijos, convivencia, trabajos, tareas, crisis, ocio, dinero, familias, etc. Son muchos factores los que tiene que manejar cualquier pareja y el sexo es el primer afectado cuando aparecen problemas importantes. También los problemas personales de cada miembro de la pareja pueden influir. El sexo entre personas que no son pareja suele ir cargado de ansiedad por la propia relación sexual, que es novedosa y desconocida y por las implicaciones de la relación amorosa con esa persona.

Disfunciones sexuales

El estrés sufrido antes, durante o después del sexo puede ser el inicio de un bloqueo sexual. Normalmente las disfunciones sexuales aparecen poco a poco (disfunciones secundarias), aunque hay algunas que se dan desde que la persona empieza a tener relaciones sexuales (son las llamadas primarias). No siempre que se tiene estrés se va a desencadenar una disfunción sexual, pero es un factor fundamental para que una persona inicie un problema de este tipo.

Las disfunciones sexuales se organizan según la fase de la respuesta sexual en que ocurren. Como ya comenté, la respuesta sexual tiene 5 fases: deseo, excitación, meseta, orgasmo y resolución. En las fases de deseo, excitación y orgasmo se producen la mayor parte de problemas. A su vez las clasificamos por cuándo empezaron y en este caso pueden ser de toda la vida o adquiridas. Otro nivel de organización es el contexto, que puede ser situacional (el problema aparece en una situación concreta pero no en todas) o general (el problema aparece en todas las situaciones).

Las más frecuentes en la fase de deseo son:

- Deseo sexual hipoactivo (o bajo deseo sexual): disminución o ausencia de deseo en la mujer o en el hombre. La pérdida de deseo es significativa y provoca malestar.

- Trastorno por aversión al sexo: aversión persistente y evitación de contacto sexual genital.

En la fase de excitación:

- Trastorno de la excitación sexual en la mujer: incapacidad para mantener o conseguir la respuesta de excitación sexual (lubricación, cambios físicos y psicológicos).

- Trastorno eréctil en el hombre (más conocido como impotencia): dificultad para conseguir una erección durante la actividad sexual, para mantenerla o reducida rigidez.

- Trastorno por dolor durante la penetración en la mujer: tensión involuntaria de los músculos de la vagina durante la penetración que provoca dolor o dificultad para llevar a cabo la misma. Se trataría de dispareunia cuando hay dolor y vaginismo cuando es imposible llevar a cabo el coito o penetración.

En la fase de orgasmo:

- Eyaculación retardada en el hombre: dificultad o retardo para conseguir la eyaculación o incapacidad para conseguirla.

- Disfunción orgásmica en la mujer (más conocida por anorgasmia): ausencia o retraso del orgasmo o reducción de las sensaciones durante el orgasmo. Es un disfunción muy común en mujeres y suele ocurrir de toda la vida y generalizado.

- Eyaculación precoz en el hombre: la eyaculación se produce aproximadamente en el minuto siguiente a comenzar la penetración y antes de que el hombre lo quiera.

Además de estos trastornos sexuales existen también otros inducidos por sustancias (drogas o medicamentos), debidos a alguna enfermedad médica o inespecíficos.

Se sabe que entre el 50% y el 70% de parejas sufren en algún momento algún trastorno sexual, por eso he querido detallarlos para que cada uno pueda identificar si le ocurre algo que no sabe que es. La mayoría de disfunciones sexuales son por causas psicológicas (un 90%). Por este motivo es importante poder identificarlas y acudir a un psicólogo especializado en este tipo de trastornos. Por ejemplo, alrededor de un 33% de mujeres españolas sufren deseo sexual hipoactivo o un

10% de mujeres, trastorno por aversión al sexo. El 25% de mujeres españolas padece anorgasmia (disfunción orgásmica). Si nos fijamos en los datos de los hombres, alrededor de un 30% sufre trastorno de la erección (impotencia). Aunque casi todos los trastornos mentales tienen cierta etiqueta negativa o incluso peyorativa, todavía en la actualidad, a los trastornos sexuales se suma el tabú en torno a la sexualidad, que dificulta aún más la búsqueda de ayuda profesional.

Cualquier trastorno sexual es un problema complejo y como tal debemos tratarlo. Es importante poder trabajarlo en la consulta para ver las causas y las interacciones y llevar a cabo la terapia más adecuada para cada persona.

Habitualmente en las primeras relaciones sexuales con alguien aparece cierta ansiedad, que suele ir bajando a medida que la persona se encuentra más cómoda en la situación. A veces basta con una relación para estar tranquilos pero es más frecuente que una pareja tenga que tener varias relaciones para que uno o ambos se sientan completamente tranquilos. No se percibe como ansiedad o nerviosismo, sino más bien como no estar del todo relajado con la otra persona. Esto ocurre por varios motivos. Cuando las situaciones son nuevas nos sentimos algo nerviosos, además cuando está en juego gustar a otro, mostrar el propio cuerpo desnudo y la posibilidad de iniciar una relación sentimental, es lógico que no estemos completamente tranquilos. También se añade la presión social, por ejemplo en los hombres, de cumplir con su hombría y dar placer a las mujeres, que pasa por tener una gran erección. Las creencias y aprendizajes de cada uno. No todo el mundo se siente nervioso en estas situaciones, pero sí la mayoría.

Cuando el nivel de ansiedad es medio o alto puede provocar el bloqueo de la respuesta sexual. Como ya sabéis la ansiedad tiene diferentes niveles. Un nivel bajo o medio no tiene por qué bloquearnos, pero un nivel alto puede provocar que el cuerpo inhiba la respuesta sexual. Si hay mucha ansiedad el cuerpo se está preparando para huir ante algún peligro o para luchar contra él, por lo que no sería bueno para nuestra supervivencia como especie, seguir con la relación sexual, sino afrontar el peligro. Lo que ocurre es que a veces el peligro está solo en la cabeza. Por ejemplo pueden aparecer pensamientos como: «¿Y si no cumplo como hombre?» o «¿y si no le gusta mi cuerpo?». Quizá la persona no se siente nerviosa pero sí que está pensando en este tipo de cosas que provienen de miedos que tiene. Aquí el cuerpo reacciona de la misma manera que si hubiera un peligro real, con ansiedad. Dependiendo del nivel de ansiedad que desencadenen los miedos, se producirá el bloqueo o no. Esta ansiedad se puede percibir como incapacidad para mantener la excitación o incapacidad para llegar al orgasmo. Es una sensación cómo si de repente desconectaras de la relación sexual y te sientes fuera, te auto-observas, sin poder volver a conectarte con ella y perdiendo la excitación.

Nos puede ocurrir a todos en cualquier momento de nuestras vidas, es bastante habitual y me atrevería a decir que a casi todo el mundo le ha pasado en alguna ocasión. Cuando hablo con amigos o pacientes de sexo, la mayoría tienen la expectativa de que siempre les va a ir bien, que nunca tendrán un gatillazo (pérdida de la erección) o sufrirán anorgasmia (no llegar al orgasmo), por ejemplo. Cuando les ocurre, si hay este tipo de expectativas, en las siguientes relaciones sexuales es probable que la persona esté más preocupada por si le vuelve a pasar y al estar más preocupado, tenga más ansiedad. Así es como aumentan las probabilidades de que efectivamente le vuelva a pasar. Y aquí comienza un círculo que se va retroalimentando, en el que cada vez hay más preocupación por el tema, cada vez se está más nervioso durante la relación sexual y por supuesto cada vez ocurre más y la persona siente menos que puede controlar su respuesta sexual.

A veces la ansiedad o el estrés que se siente en la relación sexual también tiene que ver con factores de la vida estresantes que arrastramos hasta la cama. Por eso, los problemas sexuales también ocurren en parejas establecidas en las que el sexo ha funcionado bien durante un tiempo. Hoy día le dedicamos mucho tiempo y energía al trabajo y queda poco para realizarnos personalmente, para la pareja, para los hijos y para el ocio, y por supuesto para el sexo. Además el estrés produce sustancias en el cerebro que inhiben la producción de hormonas como la testosterona, necesaria para la libido tanto en hombres como en mujeres.

¿En qué podemos percibir que estamos bajo mucho estrés?

Normalmente cuando estamos bajo un nivel muy alto de presión nos notamos más cansados de lo habitual, el sueño cambia y dormimos menos y peor, podemos comer más o a veces se cierra el estómago y podemos notar síntomas como el ahogo, el agobio, problemas estomacales, problemas en la piel o el aumento en el padecimiento de diferentes enfermedades porque nuestro sistema inmunitario funciona peor. También disminuyen las ganas de tener relaciones sexuales y la capacidad para concentrarnos en ellas, es decir, que la satisfacción sexual empeora.

Cómo prevenir problemas sexuales

Podemos y debemos actuar para prevenir este tipo de problemas porque la vida sexual es un ámbito personal y de pareja muy importante. La mayoría de veces nos damos cuenta de los problemas que arrastramos cuando ya son grandes. Si has intentado ya solucionar tus problemas y no has podido, seguramente sea el momento de ponerte en manos de un psicólogo.

- Dedicarnos tiempo a nosotros mismos y a las personas que queremos, a los amigos, la familia y la pareja. Está demostrado que dedicarle tiempo al ocio y sobre todo a las personas que queremos rebaja significativamente los niveles de estrés.

- Organizar nuestras tareas laborales teniendo en cuenta los momentos que estamos más motivados y haciendo descansos cada hora de trabajo. Hoy día es complicado porque dedicamos muchas horas al trabajo pero es importante, en la medida que podamos, organizarnos la jornada laboral al llegar y ser coherentes con los momentos que somos más productivos. Evitar distracciones constantes también nos puede ayudar. Por ejemplo, mirar el correo electrónico cada dos horas y no constantemente y lo mismo con el resto de redes sociales.

- Ser conscientes del tiempo que vivimos en cada momento, del ahora mismo, y disfrutar de los procesos, de los pequeños detalles, y no solo de los objetivos a conseguir. Muchas veces nos perdemos en los objetivos viviendo constantemente en el futuro y esto nos estresa. Es importante volver al momento presente e intentar mantenernos aquí lo máximo posible.

- Darle un tiempo a la pareja. A veces, cuando las parejas tienen hijos o muchas actividades laborales y personales, dejan de lado su rol y su tiempo como parejas. Es importante hacer esfuerzos para reencontrarse como parejas y poder dedicarse tiempo de calidad.

- No tener objetivos en las relaciones sexuales. Las parejas suelen convertir sus relaciones sexuales en rutinas a seguir y esto puede resultar poco excitante. Intentar cambiar de posturas o de prácticas sexuales suele ser algo motivador.

- Ser coherente con los valores propios en las relaciones sexuales. No hacer nada que no apetezca o que provoque malestar físico y psicológico.

- Si algún día no se consigue desconectar y estar en la relación sexual teniendo la cabeza despejada y el cuerpo receptivo, parar y dejarlo para otro día. No todos los días conseguimos relajarnos del todo. Es mejor una relación sexual menos, que una más.

- Practicar deporte o alguna actividad física nos aporta energía. La actividad llama a más actividad y la pasividad igual. Si estamos más pasivos físicamente tendremos menos energía sexual.

- Dedicarle a la relación sexual todo el tiempo que necesite. Que no se convierta en una tarea más que cumplir sino en algo placentero y sensual. Mi consejo es que en el sexo menos es más (si es de calidad).

- Si eres hombre y durante una relación sexual no consigues la erección o la pierdes o eyaculas muy pronto no te alarmes. Es totalmente normal y le pasa a todo el mundo. Los trastornos sexuales comienzan cuando la persona a la que le ha ocurrido cree que es algo horrible, que le va a volver a pasar o se etiqueta como «eyaculador precoz» o «impotente». Para los hombres es importante aprender a quitarse presión de ser súper-hombres en la cama y vivir la sexualidad como algo más relajado. Que una situación así se convierta o no en un trastorno sexual que dura en el tiempo, depende en parte, de cómo el hombre viva la situación. Si se trata de un fallo en su hombría o le preocupa mucho que le vuelva a ocurrir es más probable que la siguiente relación sexual se convierta en una prueba y no pueda desconectar y disfrutar. Es así como volverá a perder la erección o a eyacular muy pronto. No es este el único factor que desencadena un problema sexual, pero cambiar las creencias acerca del sexo es una manera de prevenir problemas.

- Si eres una mujer y no consigues, por ejemplo, llegar al orgasmo, te recomiendo que pongas en práctica todo lo que he explicado a lo largo del libro. Si te pasa un día no te preocupes demasiado, porque el orgasmo no es el objetivo del sexo. Vívelo como algo más, no le des tanta importancia. En las mujeres el mecanismo es parecido, la preocupación de si volverá a ocurrir, suele estar en el inicio de un trastorno sexual. También a las mujeres les suelen afectar mucho las creencias sociales en torno al sexo. Por ejemplo, dejarse llevar completamente a veces no está muy bien visto, por lo que suele contenerse más y cohibir su propio placer. Les cuesta más pedir lo que desean a sus parejas y se dejan llevar por la imperante penetración, práctica que a la mayoría de mujeres no les estimula el clítoris.

Como veis he incluido en la prevención de problemas sexuales, como primer paso, conseguir una vida menos estresada. Creemos que vivimos la sexualidad como algo desconectado del resto de nuestra vida, pero funciona al contrario. Si llevamos una vida muy estresada nos resultará difícil conectar con la sexualidad.

También es importante tener una educación sexual apropiada. Socialmente parece que se habla mucho de sexo pero yo diría que se muestra mucho el sexo como algo meramente material y no se habla del sexo real. Si nos fijamos en las relaciones sexuales que aparecen en las películas siempre son muy parecidas: él y ella están perfectos, peinados, maquillados, suena la música, se besan y los dos tienen un orgasmo a la vez. Esta es la imagen ideal con la que comparamos nuestras relaciones. Y obviamente no son así.

Hay acceso al sexo a través de todos los medios de comunicación disponibles pero no estamos educados sexualmente. No se habla claramente de que pasa, de los miedos, de las expectativas. En definitiva, sigue siendo un tabú. En la mayoría de familias y centro educativos tampoco se habla. Por este motivo la información que llega a la mayoría de jóvenes esta sesgada y proporciona una imagen irreal del sexo.

Cuanto más se acerque nuestra imagen de lo que es una relación sexual a la realidad menos problemas nos encontraremos.

26

Aumentar la pasión

Pasión individual

La pasión comienza en nosotros mismos y desde ahí, se dirige a otras personas que nos provocan deseo sexual. Pero si no hay pasión en nosotros mismos, es difícil enfocarla hacia los demás. Es el momento de conectar con tu lado sensual, si todavía no lo has hecho.

Siempre que queremos ofrecer algo a los demás, tiene que ser algo que nosotros tengamos y que veamos bien. La gente tiende a enfocar la pasión como algo a dar y no tanto como algo propio que necesita nuestro tiempo, energía y aceptación. Sobre todo las mujeres. Los hombres generalmente desde pequeños están más conectados con sus genitales, se tocan y descubren su sexualidad, conectando así con su pasión a medida que van desarrollándose. Pero las mujeres lo tenemos más complicado.

Como ya hablé en la primera parte del libro, las mujeres tenemos los genitales escondidos, no suele «estar bien» investigarse la zona y además no se habla demasiado con las amigas o compañeras de la sexualidad individual. Conectar con la propia pasión supone aceptar la sexualidad como algo natural y positivo y dar rienda suelta a la imaginación y al deseo. Por supuesto, pasa por descubrir el propio cuerpo y las sensaciones que provoca la estimulación sexual. Lo ideal es descubrirlo sólo antes de compartirlo con la pareja. Conectando con el propio cuerpo y aceptándolo, creamos un espacio propio de pasión y sensualidad que hay que mantener, incluso cuando haya sexualidad compartida con la pareja. Sé que la mayoría puede pensar que cuando hay sexualidad en pareja, para qué puede servir la sexualidad propia y la pasión individual (por ejemplo masturbarse o leer una novela erótica). Pues precisamente para mantener viva la propia llama y estar conectado y así poder compartirlo con el otro cuando lo desees.

Puedes potenciarla dedicándote algún tiempo a ti misma. Por ejemplo tomando un baño relajado de vez en cuando, recibiendo un masaje o leyendo un relato erótico. La cuestión es dedicarte tiempo para relacionarte con tu propia sexualidad. Tómate tiempo también para darte caricias y para cuidarte. No esperes que sean siempre los demás los que te den placer sensorial, lánzate tú misma a por él.

Pasión en parejas esporádicas

En parejas ocasionales es fácil que exista la pasión. Cuando dos personas se conocen y se atraen ocurren cambios físicos y psicológicos en ambos de los que nace la pasión, sin hacer ningún esfuerzo. Puede surgir de una mirada, tras una conversación, en una cita o en un encuentro de trabajo. El lugar es indiferente. No se sabe muy bien que es lo que nos atrae de los demás, aunque hay diversas teorías al respecto. Si tenemos en cuenta sólo lo biológico nos atrae alguien con el que podamos reproducirnos. Esto pasa porque sus genes y los nuestros sean compatibles. Hay investigaciones que muestran cómo es algo que escapa a nuestra percepción consciente. Nos atrae más alguien cuyos genes son compatibles y lo percibimos por el olor de sus feromonas, ni siquiera nos damos cuenta de ello. También nos fijamos en la forma del cuerpo. Los hombres en forma de triángulo invertido y las mujeres con curvas en forma de doble C muestran signos de salud y fertilidad.

Como explica Pere Estupinyà en su libro *La ciencia del sexo* cuando alguien nos atrae generamos una hormona llamada *dopamina* que se podría identificar como la hormona de la motivación. Es la hormona de la euforia, el placer y la motivación en la búsqueda de estímulos. Esta hormona estimula la producción de testosterona (hormona implicada en el deseo sexual de hombres y mujeres) y nos hace sentir cada vez más exaltados y alegres en el preámbulo del deseo hacia alguien y del posible coito.

Cuando la pasión se materializa y hay un encuentro sexual, se liberan varias hormonas como la noradrenalina, que aumenta nuestro nivel de energía durante la excitación sexual o las endorfinas que también nos aportan sensación de placer y que se liberan durante el orgasmo. Además, durante el orgasmo, aparece la oxitocina o la hormona del amor. La oxitocina nos recuerda la sensación de apego entre madre e hijo y también produce esa sensación de bienestar y de apego entre amantes. Todas estas hormonas nos provocan sensaciones agradables que nos empujan a seguir acercándonos a situaciones que las liberan y las propias hormonas también nos empujan a estas situaciones. La relación entre hormonas y conducta es bidireccional.

También se sabe que las mujeres, durante su ovulación (en medio del ciclo menstrual), si salen de fiesta pueden tener una actitud más coqueta que la que tendrían en otro momento del mes, e incluso que muestran más su cuerpo que en otros momentos.

Más allá de la atracción biológica somos seres también psicológicos y aquí la atracción suele enfocarse hacia aquello que nos gusta de alguien, valorándolo como posible pareja. Esto es algo mucho más complejo. No es lo mismo buscar pareja cuando el objetivo principal es tener hijos, que cuando el objetivo es acompañarse, como suele ocurrir con las parejas que se unen después del divorcio y que ya han criado a sus hijos. Uno de los principales factores es el propio momento socio-psicológico personal y qué busca cada uno en cada momento. Pero en general, nos solemos guiar desde el inicio por la atracción física y partiendo de ahí, se generan lazos emocionales que dan como resultado una pareja. Lo difícil viene cuando esa pareja se conoce de verdad, pasados 1 o 2 años del primer momento de atracción y tienen que decidir si se mantienen como pareja o no.

Pasión en parejas estables

En las parejas estables la pasión es más complicada, siguiendo una curva decreciente a medida que pasa el tiempo. Mucho se ha escrito de este tema y me extendería durante un libro entero para hablar de la pasión en las parejas estables y de cómo mantenerla. Tendríamos que adentrarnos mucho más en la pareja, en sus fases y en los diversos problemas a los que se enfrenta a lo largo de su existencia. Voy a resumir a continuación, qué fases son las que atraviesan las parejas y qué se puede hacer en ellas para conseguir mantener la pasión.

Lo primero de todo es hablar de una creencia que se extiende entre muchas personas y entre muchas parejas: el sexo es algo que entre nosotros va a funcionar siempre, porque nos queremos y no tenemos que hacer nada para que sea así. Este el error de partida de la mayoría de parejas, creer que sin hacer nada, como al principio, el sexo va a funcionar siempre perfectamente. Es un error porque les conduce a dos consecuencias nefastas. La primera de ellas es el malestar que provoca en la pareja afrontar esta pérdida cuando se vive como una pérdida en el amor. Y muchas veces nada tienen que ver ambas cosas. Y la otra consecuencia es que pensando así nadie hace nada por mantener la pasión. Se dejan llevar desde su primera cita hasta la convivencia, y a partir de ahí surgen algunos problemas que no esperaban. Pensaban que todo sería maravilloso. Por supuesto su vida sexual se reduce y pierde brillo. Empiezan a pensar que ya no se quieren tanto como antes. Todo ello da lugar a malentendidos y surgen los problemas de pareja. Cuando aparecen los hijos y esta pérdida de la pasión aumenta, también aumentan los problemas.

No siempre es así y habría que analizar a cada pareja, pero en general la pasión va disminuyendo poco a poco. El primer gran bajón de la pasión es el inicio de la convivencia. Como dice Antonio Bolinches en su libro *Sexo sabio*, «antes de convivir las parejas deshacen la cama haciendo el amor y después de la convivencia deshacen el amor por no hacer la cama». Es una metáfora muy gráfica de cómo dos personas que se van a vivir juntos, pasado el primer momento de euforia y novedad, entran en una rueda de cotidianidad de la que es difícil salir.

La primera fase sería la de la creación del vínculo emocional. Es esta fase las dos personas se van conociendo, se gustan, quedan y muestran su mejor faceta. Inician su sexualidad y surge el vínculo emocional. En realidad no se conocen muy bien pero se atraen mucho y esto les mantiene unidos. En esta etapa no es necesario hacer mucho para potenciar la pasión, porque es básicamente la fuerza que los une.

Pasado un tiempo su pasión pierde fuerza y van conociéndose mejor. Ahora se sienten menos atraídos entre ellos, pero se ven más tal como son. Empiezan a ser conscientes de quién es la otra persona y a decidir si quieren seguir con ella o no, teniendo en cuenta que tendrán que dejar de lado algo de ellos mismos y de sus vidas para hacer hueco al otro. Aquí es dónde empieza a ser importante trabajar la pasión, aunque todavía es novedosa y se puede mantener por sí misma.

La siguiente etapa es la convivencia. Aparecen las rutinas y las obligaciones. Es lógico, la mayoría no podemos vivir una vida de desorden idealizada. En el inicio de la convivencia aparecen problemas como la organización de las tareas domésticas, el tiempo en pareja e individual, el ocio o el dinero. La pareja pasa por un período de acoplamiento mientras se instala en la nueva situación y resuelve estos asuntos. Como siempre, la sexualidad se puede ver dañada por los conflictos y por el propio bajón de pasión que supone estar disponible todo el tiempo para la otra persona y dejar de mostrar nuestra mejor faceta para pasar a mostrar casi todas (en el mejor de los casos). En esta etapa es importante mezclar la cotidianidad con la novedad. La tendencia de las parejas suele ser a relajarse y no esforzarse por atraer al otro. Ya no se arreglan tanto ni salen tanto como antes. La pareja está conquistada y parece que ya no tenemos que hacer nada por mantenerla. Estar en casa puede ser una situación muy motivante sexualmente al principio, pero en seguida se convierte en ordinario y dejamos de encontrar el momento y la motivación para el encuentro sexual.

No compartáis los momentos que son «asesinos de la pasión» y que tienen que ver con la mayor parte de cosas que hacemos en el baño. Lo ideal sería no compartir baño, pero para la mayoría es imposible por cuestiones lógicas, así que intentar mantener este ámbito en privado es bueno para la pasión.

Después las parejas afrontan otro momento complicado: la aparición de los hijos. Es un momento vital muy importante pero que supone una nueva crisis y una nueva fase de acoplamiento entre la pareja. Aumenta el estrés por la nueva situación, la falta de sueño y las dificultades en el cuidado del hijo. Además aparece un rol nuevo en la pareja, el de padre y madre. Cada uno intenta cuidar al hijo como cree que hay que hacerlo (como se hace en sus familias de origen) y hay menos tiempo para la pareja. La recomendación es no alarmarse con la nueva fase de acoplamiento y los problemas que puedan surgir e ir afrontándolos poco a poco. En la medida de lo posible mantener o recuperar el tiempo y el espacio para la pareja, es decir, compaginar el rol de padres con el rol de pareja.

27

El orgasmo. Cómo alcanzarlo

El clítoris

Para hablar del orgasmo en las mujeres primero debo hablar del clítoris. Es un órgano desconocido y poco mencionado en la literatura y en las tertulias entre mujeres. Es el órgano homólogo al pene (y no la vagina como muchos creen), tanto en estructura como en funcionalidad. Aunque, a diferencia del pene, es el único órgano humano que está preparado exclusivamente para proporcionar placer y que no tiene ninguna otra función. El pene, sin embargo, está preparado para proporcionar placer, pero además se utiliza como órgano reproductor y como órgano para la micción.

El clítoris reacciona de una manera parecida al pene. Cuando la mujer se excita, el clítoris recibe un flujo mayor de sangre que le provoca una erección. Suele asomar a través de los labios menores cuando está en erección, aunque esto depende de la fisionomía de cada mujer. Existen algunos clítoris que asoman sin estar en erección y otros que, incluso durante esta fase, no se ven.

La anatomía del clítoris es muy diferente a lo que se ve a simple vista. Tiene un capuchón en el extremo y un glande que aumenta de tamaño cuando está erecto, pero esto es sólo la décima parte de lo que en realidad es. La parte del clítoris que no se ve es bastante más grande de la que se ve. Consiste en una serie de ramificaciones nerviosas que llegan a la parte interna de la vagina y a todo el perineo femenino. Puede incluso llegar a la zona del ano. Tiene también dos cuerpos cavernosos a los lados, que desembocan en el glande visible, que son por los que fluye en riego sanguíneo cuando la mujer está excitada. Es el órgano que más fibras nerviosas tiene, llegando a las 8.000 en el extremo (el pene tiene unas 6000 fibras nerviosas), de ahí que sea la parte más sensible del cuerpo de la mujer y que haya que aprender a estimularla de manera que no sea incómodo. Existen tantos tipos de clítoris como mujeres, aunque la media de longitud del glande clitoriano (la parte visible) puede llegar a 1,5 centímetros en erección.

Físicamente, la mujer tiene un órgano preparado para tener orgasmos, con esa única función, pero psicológicamente la mujer todavía siente muchas limitaciones y prejuicios en torno a su sexualidad. En este caso lo social y lo natural se contradice.

Conseguir el orgasmo solo

El orgasmo es el momento de máximo placer sexual tanto en la mujer como en el hombre y de liberación muscular y sexual. Consiste en la descarga de la tensión sexual acumulada durante las fases de excitación y meseta, produciéndose como contracciones musculares rítmicas en la región pélvica. A nivel psicológico es el momento de máxima desconexión y placer.

He comentado en varios capítulos, algunas técnicas para conseguir desconectar del mundo exterior y conectar con la sexualidad. El orgasmo sería la consecuencia de que lo conseguimos y así nos aproximamos a nuestra parte más primaria. Conseguir un orgasmo no es algo fácil. Por eso, es mejor tomarlo como un proceso, más que como algo a alcanzar inmediatamente.

En primer lugar es aconsejable darse cuenta de cuáles son las expectativas que cada uno tiene en torno al sexo. Para ello puedes hacerte las siguientes preguntas:

- ¿Qué ideas tengo sobre la sexualidad?

- ¿De dónde provienen estas ideas?

- ¿Cuáles son? Describe en varias frases que es para ti el sexo y como debería ocurrir para que fuera como esperas.

- ¿Qué se hablaba en tu familia sobre sexualidad o cómo se trataba? (en esta pregunta puede ser que no se tratara la sexualidad, que ya es una forma de tratarla ignorándola o convirtiéndola en un tabú).

- Si he practicado sexo, ¿cuán diferente fue la realidad en contraposición a las expectativas que tenías?

Después de hacer un primer balance de tus creencias acerca de la sexualidad puedes hacer el siguiente ejercicio. Te puede ayudar a tener una idea más realista de qué es la sexualidad para ti, y así deshacerte de algunos de tus tabúes.

Toma una hoja y divídela en dos con una raya. En una de las partes apunta tus expectativas previas antes de iniciarte en la sexualidad y en la otra parte pon tus experiencias reales, sensaciones, problemas, puntos positivos y preferencias. De esta manera te puedes hacer una idea clara de quién y cómo eres sexualmente, y de cuál es la diferencia entre lo que pensabas acerca del sexo y lo que realmente es para ti. Que te des cuenta de estas diferencias es importante porque uno de los primeros problemas con los que se encuentra cualquier persona que enfrenta su sexualidad es el choque con lo esperado, lo imaginado o lo que había visto previamente. A veces, esta diferencia es tan grande que provoca un choque importante con las expectativas previas y puede desembocar en un trastorno sexual. Si la distancia entre expectativa y realidad es demasiado grande, aumenta la probabilidad de frustrarse y tener problemas.

Para empezar puedes buscar diferentes fuentes eróticas: una novela, una escena de una película (hablaremos de pornografía en el siguiente capítulo) o una imagen que te resulte excitante. Lo importante es tu cabeza. Tómate tu tiempo y busca la tranquilidad y la comodidad (espacio tranquilo, luz, ambiente relajado). Cuando estés cómoda, busca las imágenes o ideas que más te exciten y comienza a estimularte. Puedes utilizar un dedo o varios e ir desde fuera hacia adentro. Acaríciate por toda la zona externa, por ejemplo los muslos, y ve entrando en la zona de la vulva poco a poco. Es mejor comenzar suavemente y no ir directamente al clítoris porque puede resultar molesto. La mayoría de mujeres prefieren la estimulación indirecta del clítoris (por la zona de alrededor). Puedes utilizar lubricantes para que el contacto de tus dedos con la zona sea más agradable o algún vibrador (recomiendo los pequeños para empezar, para estimular la zona exterior). También puedes introducir en la vagina unos o dos dedos y un vibrador pero ten en cuenta que la mayor parte de terminaciones nerviosas están en el clítoris y alrededor de él. Si utilizas la penetración cuando te masturbes, no es necesario que sea muy profunda, ya que la vagina es sensible sólo los primeros 4 o 5 centímetros desde la entrada, el resto es totalmente insensible.

Lo más importante es no buscar el orgasmo, sino simplemente disfrutar de las sensaciones que tengas y probar diferentes maneras de acariciarte, más rápido, más despacio, con mayor o menor presión e ir aprendiendo lo que te excita y cómo te gusta. El objetivo es aprender a dedicarte a ti misma placer y tiempo, sin más objetivo que regocijarte en tu disfrute.

A muchas chicas les ocurre que, cuando se masturban, se sientes culpables. La culpa es una emoción que proviene de nuestra conciencia. Tenemos conciencia de haber obrado bien o mal, en función de lo que nos enseñaron en nuestra familia y lo que hemos aprendido a lo largo de nuestras vidas. La mayoría de veces esta conciencia, o lo que sería lo mismo, nuestras creencias, no son explícitas.

Me explico. Imagina que Marta es una chica de 20 años que nunca se ha masturbado. Cuando habla de ello no cree que esté mal pero cuando lo intenta se siente culpable, ¿por qué? Probablemente Marta, por una cuestión de aceptación de los demás hable de la masturbación como algo natural y positivo (se lleva más hablar ahora del sexo en positivo que en negativo) porque está en un grupo de amigas que todas dicen practicarla. Como sus amigas lo practican, ella lo ha intentado, pero se ha sentido profundamente culpable y ha parado. Si le preguntamos a Marta que piensa cuando siente la culpa, seguramente sea algo así «qué no debería hacer esto, es sucio». Ahí está la verdadera creencia de Marta: cree que el sexo es algo sucio y mucho más masturbarse. En su familia nunca se ha hablado nada de sexo, pero siempre que aparecía una escena en la televisión, su madre cambiaba rápidamente de canal. Marta ha aprendido que el sexo no se debe mostrar y que en alguna medida es algo que hay que tapar, algo que puede dañar y por tanto algo malo. Es por este motivo que cuando se masturba se siente culpable. Si se diera cuenta de que esa es su creencia, podría trabajarla para modificarla aunque le quedarán siempre posos de negatividad relacionados con el sexo. A esto me refiero cuando hablo de explicitar las creencias.

Cuando uno no sabe porque se siente mal o bien y porque hace determinados juicios morales sobre las cosas que hace, y no sobre otras, cree que esa es la única realidad válida. Pero la realidad es que cada uno tenemos unas ideas diferentes sobre el mundo y sobre lo que ocurre en él. Ante un mismo suceso, puede haber tantas valoraciones o sentimientos como personas haya mirándolo y cómo perspectivas tenga la persona al mirarlo. Esto es debido a que cada persona tiene su propio sistema de creencias, que le ayuda a encarar la vida desde una perspectiva concreta y le aporta sentimiento de pertenencia al grupo de los suyos, que probablemente tengan las mismas creencias (o muy similares). Si no tuviéramos estas creencias no sabríamos ni podríamos hacer un análisis sobre los hechos que nos ocurren pero, a veces, esas creencias son tan rígidas que no nos permiten afrontar realidades. Es aquí cuando se torna necesario explicitar las creencias y trabajarlas, para poder afrontar lo que la vida nos va trayendo. Si no conseguimos estos procesos, podemos llegar a sentirnos estancados, deprimidos, nerviosos o contrariados. Este es uno de los objetivos fundamentales de las terapias o los procesos de crecimiento personal.

Volviendo al orgasmo, aquí también es fundamental que conozcas tus creencias y por tanto, tus limitaciones en torno al sexo. Y sobre todo, ponerte manos a la obra a practicar tu propio placer.

Conseguir el orgasmo acompañado

Si consigues llegar al orgasmo a través de la masturbación, te va a resultar mucho más fácil llegar al orgasmo en pareja. No es que te lo asegure, pero si conoces bien tu cuerpo y tu sexualidad, te será más fácil.

Una vez traté a una paciente que justamente le ocurría esto: era capaz de tener orgasmos ella sola, masturbándose, pero nunca había conseguido tenerlo en pareja. No venía a terapia por este asunto, porque ella ya había interiorizado que nunca sería capaz de tener orgasmos en pareja. Como os podéis imaginar, para ella las relaciones sexuales con sus parejas siempre habían sido «aceptables» pero nunca había disfrutado del todo. De hecho no le daba demasiada importancia a la sexualidad en la pareja. Sí que le resultaba agobiante cuando estaba con un chico que insistía mucho en preguntarle si «había disfrutado» (si había llegado al orgasmo) y muchas veces terminaba por fingir un orgasmo, para que la dejaran en paz. Este trastorno se denomina anorgasmia situacional de toda la vida. Situacional porque sólo le ocurría en el coito y de toda la vida porque nunca había conseguido tener un orgasmo con un chico, con ninguna práctica sexual.

Para conseguir el orgasmo en pareja necesitas los mismos ingredientes que para conseguirlo tú sola: tiempo, delicadeza, auto-conocimiento y tranquilidad. Nunca te plantees el orgasmo como un objetivo a alcanzar, porque te haría estar demasiado pendiente de si lo tienes, perdiendo la sensación de dejarte llevar, que es la que te catapultará al éxtasis. No hace falta que cada vez que tengas una relación tengas un orgasmo. Puede ser que un día no tengas y otro tengas tres, depende de muchas circunstancias. Si te lo planteas como un objetivo y no lo consigues, te sentirás frustrada y te costará más disfrutar de las caricias y los juegos sexuales. También es importante que rebajes el nivel de exigencia. Seamos realistas. Llegar al orgasmo, los dos a la vez, durante la penetración, ocurre pocas veces. Tampoco es la única manera ni la mejor. Pero sí que es la imagen «ideal» que muchos tienen sobre cómo tiene que ser el sexo.

Recuerda varias cosas importantes:

- Pide lo que te apetezca que te hagan.

- Haz lo que te pidan, siempre y cuando no sobrepase tus valores o creencias y te haga sentir mal.

- Sé creativo, no te ciñas a dos posturas siempre.

- Añade elementos excitantes al sexo en pareja, leed un relato porno, mirad una escena erótica o tened una conversación subida de tono.

- Déjate llevar por las sensaciones, intentando no pensar en nada más. Pon toda tu atención en lo que sientes, como si por un momento no existiera nada más.

- Si no te apetece, dilo. Es mejor uno de menos que uno de más.

- Date tiempo, os iréis conociendo poco a poco. Al principio suele ser no ir muy bien.

Si lo has probado todo y no consigues llegar al orgasmo puede que tengas un bloqueo que hay que solucionar con un psicólogo sexólogo. Pide ayuda y no lo dejes pasar demasiado tiempo, porque siempre es más fácil trabajar este tipo de problemas en terapia cuando han durado menos que más. Aunque nunca es tarde.

28

Pornografía

El porno actual se exhibe principalmente a través de vídeos *online*, debido a la facilidad de acceso que aportan las nuevas tecnologías. Existen también otras formas de acceso al porno como revistas, libros, imágenes, shows en directo, etc. Se trata de una industria con millones de euros de beneficios. Para que os hagáis una idea, la industria del porno en EEUU genera más beneficios que la NBA y los americanos gastan más dinero en espectáculos de porno que en teatro, cine, etc. (todos juntos). Sus principales clientes son los hombres (mayoritariamente) y actualmente también las mujeres están consumiendo porno, aunque todavía la cifra no es equiparable. Decir que el porno es algo bueno o malo es simplificar demasiado y va a depender del juicio moral que cada uno haga del mismo. La realidad es que tiene efectos beneficiosos y otros perjudiciales y de eso quiero hablar en este capítulo.

¿Por qué la pornografía nos gusta tanto?

La pornografía gusta porque se accede rápidamente a sensaciones placenteras de excitación sexual, cuyas consecuencias inmediatas son respuestas hormonales placenteras y posibilidad de disfrute sexual fácilmente accesible. Por un lado promueve las fantasías sexuales y nos mantiene más activos sexualmente y por otro lado puede ayudar a suscitar el deseo sexual. He leído un estudio recientemente que confirmaba que el porno puede ayudar a provocar más deseo sexual en la persona, y que no disminuye la frecuencia sexual en las parejas en las que uno o ambos lo consumen. Hablaba incluso de que la tendencia es más bien a aumentar el deseo y el número de relaciones sexuales entre este tipo de parejas. Mi opinión personal va en línea con este estudio y es que el consumo de pornografía tiene efectos beneficiosos para la persona y para las parejas. Yo suelo recomendar a las parejas que, de vez en cuando, vean una película erótica o porno juntos como práctica sexual compartida y por supuesto individualmente, ya que les puede ayudar a obtener excitación y placer sexual.

Ahora bien, como cualquier elemento que genera placer, es fácil consumirlo excesivamente. ¿Cuánto es excesivo? Yo pondría la línea en el bienestar de la persona. Es decir, en el momento que el consumo de porno genera un malestar significativo (por ejemplo, la persona gasta demasiado dinero con perjuicios personales, deja sus responsabilidades para consumir porno o le afecta en su vida social, laboral o personal) seguramente esté teniendo conductas adictivas hacia el porno. No es lo más común pero existe y como tal es importante reseñarlo. Las personas que tienen adicción al sexo, suelen consumirlo a través de diferentes medios como la pornografía (aunque también otros como la prostitución o varias parejas). El hecho de que el porno sea tan fácilmente accesible puede facilitar este tipo de conductas, aunque como digo no son las más habituales, pero sí requiere una terapia específica para su tratamiento.

Por otro lado los jóvenes suelen acceder al porno desde edades muy tempranas y este medio normalmente es la única fuente de información sexual a la que consultan. El porno no muestra imágenes sexuales realistas, sino imágenes ideales de la sexualidad y de la apariencia física. También muestra los roles que hombres y mujeres adquieren en el sexo, habitualmente el hombre dominador y la mujer sometida. Y esto merece una reflexión. Los jóvenes, en general, parten de una idea irreal de lo que es la sexualidad. La comparación es muy clara, es cómo si imaginasen que sus vidas serán como las películas de acción que están acostumbrados a ver. Obviamente también ven películas de acción, pero además ven las vidas de sus familiares, de sus compañeros y de la sociedad que les rodea. Sin embargo, la única sexualidad que suelen ver es una sexualidad irreal. No tienen con qué compararla. Este punto de partida suele llevarles a ideas desajustadas y a expectativas irreales sobre lo que se van a encontrar, con el consecuente fiasco esperable. En muchos de los casos que abordamos, los sexólogos nos encontramos con una educación sexual escasa o irreal, en la base de muchos de los trastornos sexuales. Mi recomendación no sería que los jóvenes no vean porno, sino que puedan complementar ese aprendizaje con uno más realista, tanto en la familia como en los centros educativos (que se está comenzando a hacer pero no de manera sistemática). Pero todavía este tipo de educación choca con la moralidad de muchas personas y entidades, por lo que queda mucho camino a recorrer en la educación sexual.

Si analizamos la pornografía desde el punto de vista de la imagen corporal, también nos encontramos con una idealización del cuerpo del hombre y la mujer y de los genitales. Aunque se muestren muchos cuerpos en los diferentes medios de comunicación, todos tienden a la perfección o se retocan para parecerlo. Nos comparamos con esos cuerpos y sentimos una frustración constante por las diferencias que vemos. Con los genitales ocurre lo mismo. En las películas porno aparecen genitales perfectos, es decir, penes grandes y homogéneos y vulvas pequeñas. La moda actual tiende a este tipo de imágenes. Pero la realidad es que hay diferentes tamaños y formas de pene y también de vulvas: labios menores más o menos grandes, diferentes formas de vulva o pene, o diferentes colores de piel. Muchas mujeres (no sólo actrices porno) están optando por operarse quirúrgicamente los labios menores para acercarse a esta imagen más aniñada de vulva, reduciendo su tamaño y dejándolos prácticamente invisibles. Todo esto es cuestión de modas pero dejo abierta la reflexión sobre la excesiva exigencia en cuanto a la imagen corporal y la cantidad de problemas que nos provoca en el día a día. Que cada uno tome conciencia sobre su propia idea e intente desmitificarla y asimilar que su propia imagen es la mejor, tanto corporal como genital, consiguiendo una mayor auto-aceptación y aliviando multitud de problemas psicológicos actuales.

Breve conclusión final

Como habéis ido leyendo, mi objetivo con este libro ha sido dar información práctica acerca de la sexualidad, de su funcionamiento, problemas, beneficios y técnicas. He elegido como hilo conductor historias de pacientes y de personas cercanas, porque creo que es una buena forma de mostrar problemas que tienen las personas como tú y yo, y de los que no se suele hablar. El tema de la sexualidad es más profundo y complejo de lo que parece y, como tal hay que tomarlo. Tiene muchos beneficios pero también muchas complicaciones. Tenemos información de sobra acerca del sexo pero no sabemos mucho. Sólo el acercamiento respetuoso y consciente a la sexualidad aporta la sabiduría necesaria para disfrutarlo realmente.

Si me fijo en mi experiencia profesional como psicóloga, veo que cuando alguien tiene alguna dificultad en torno a la sexualidad o la pareja, le cuesta mucho más pedir ayuda, que para cualquier otro tipo de problema psicológico. En general pedir ayuda es difícil, por el proceso que requiere. Darse cuenta del problema, asumir que se necesita ayuda externa y desestimar los prejuicios todavía presentes en torno a la psicología (resumiéndolo mucho). Parece que la sexualidad sea menos importante que otros problemas, que de mucha más vergüenza o que no merezca ser tratado con ayuda profesional. Nos queda mucho camino por hacer y espero aportar mi grano de arena con las publicaciones que realizo en mi blog y con este libro. El camino todavía se presenta largo y costoso. Pasa por darle a las emociones la misma relevancia que a nuestra parte tangible (el cuerpo) y desde ahí cambiar la manera en que se mira la Psicología. También pasa por ampliar la disponibilidad real que tienen las personas en el sistema de salud, dónde no se accede fácilmente a un psicólogo en la red pública.

A pesar de las dificultades que todavía tiene algo relativamente nuevo, como es la psicología, mi invitación para todos los que habéis leído este libro es a mirar más los asuntos emocionales y psicológicos y tomar la ayuda profesional como lo que es: una herramienta para poder afrontar procesos personales difíciles, conseguir cambios vitales importantes y una buena salud emocional. Es una inversión en uno mismo para conseguir llevarse bien con uno mismo, algo sencillo y de una complejidad extraordinaria.

Bibliografía

Bolinches Sánchez, Antonio, *El arte de enamorar,* Debolsillo, Barcelona, 2010.

Bolinches Sánchez, Antonio, *Sexo sabio,* Debolsillo, Barcelona, 2001.

Calvo, Montserrat, *Sexualidad atlética o erotismo,* Icaria, Barcelona, 2008.

Calvo, Montserrat, *Trampas y claves sexuales,* Icaria, Barcelona, 2000.

Costa, Miguel y Serrat Valera, Carmen, *Terapia de parejas,* Alianza Editorial, Madrid, 1982.

De Béjar González, Silvia, *Deseo,* Planeta, Barcelona, 2011.

De Béjar González, Silvia, *Tu sexo es tuyo, todo lo que has de saber para disfrutar de tu sexualidad,* Planeta, España.

Echeburúa, Enrique y Fernández-Montalvo, Javier, *Celos en la pareja, una emoción destructiva,* Planeta, Barcelona, 2001.

Estupinyà Giné, Pere, *La ciencia del sexo,* Debolsillo, Barcelona, 2013.

Eysenck, Hans J., *Psicología del sexo,* Herder, Londres, 1981.

Garriga Bacardí, Joan, *El buen amor en la pareja, cuando uno y uno suman más que dos,* Ediciones Destino, Barcelona, 2013.

Gómez Zapiain, Javier, *Psicología de la sexualidad.* Alianza editorial. 2013.

Gray, John, *Los hombres son de Marte, las mujeres de Venus,* Debolsillo, Barcelona, 1993.

Smith, Manuel J., *Cuando digo no, me siento culpable,* The Dial Press, Nueva York, 1975.

Rich, Frank: «*Naked Capitalists: There's No Business Like Porn Business*», *New York Times Magazine,* 20 de mayo 2001.

Riso, Richard y Hudson, Russ, *Comprendiendo el eneagrama, guía práctica de los tipos de personalidad,* La esfera de los libros, 2011.

AUNQUE TENGA MIEDO, HÁGALO IGUAL

Susan Jeffers

Libérese del miedo que le atenaza

Cuando corremos un riesgo, cuando nos adentramos en territorios poco familiares o nos enfrentamos al mundo de una forma nueva, experimentamos miedo. Y, muy a menudo, ese miedo evita que progresemos en nuestra vida. Para que esto no suceda, lo mejor que podemos hacer es explorar los obstáculos que nos impiden vivir a nuestra manera, evitar elegir el camino más cómodo y aprender a identificar las «excusas» que nos hacen resistirnos a cualquier cambio.
• Controlar la propia vida y vencer al miedo.
• Encontrar el trabajo deseado.
• Crear relaciones positivas con los demás.

VENZA SUS OBSESIONES

Edna B. Foa y Reid Wilson

Recupere el control sobre su vida. ¡Usted puede cambiar! ¡Deje de obsesionarse y olvide sus bloqueos! Si se encuentra atormentado por pensamientos perturbadores no deseados, o si se siente compelido a proceder de acuerdo con pautas rígidas, quizá padezca usted el trastorno obsesivo-compulsivo (TOC). En este libro descubrirá cuáles son los síntomas y los efectos de éste trastorno, y también cómo desembarazarse de él mediante autoterapias de la conducta que podrá llevar a cabo por sí mismo.
• Tiende a preocuparse
• Sale de casa, pero regresa una y otra vez para verificar si echó el cerrojo a la puerta

VENZA SUS TEMORES

Reneau Z. Peurifoy

Una guía práctica para vencer el miedo, controlar sus emociones y desarrollar una sana autoestima. En esta nueva y magnífica edición, el autor, que demuestra su gran experiencia como psicólogo, amplía y profundiza su programa de ayuda, original y de probada eficacia, para tratar y superar en 15 pasos los trastornos que causan esos cuatro jinetes del Apocalipsis del mundo desarrollado que son la ansiedad, la fobia, la agresividad y el estrés. Aprenda a vencer síntomas, miedos y comportamientos como:
• las sensaciones de ahogo
• las palpitaciones
• los dolores en el pecho